tea pratica
88

Valentina Fortichiari

Nuotare
tutti, subito e bene

Illustrazioni di
Paolo A. Parrello

TEA

TEA - Tascabili degli Editori Associati S.p.A., Milano
Gruppo editoriale Mauri Spagnol

www.tealibri.it

Prima edizione TEA Pratica giugno 1998
Settima edizione TEA Pratica aprile 2009

INDICE

NUOTARE
TUTTI, SUBITO E BENE

A Carlo Neumann,
in memoria

INTRODUZIONE

Il nuoto è uno sport facile. Sebbene sia consigliato sin dai primi anni di vita (a partire dai sei mesi, affermano alcuni medici sportivi e pediatri), non c'è limite d'età per impararlo e praticarlo. In fondo l'acqua, sotto forma di liquido amniotico, rappresenta il nostro primo approccio con la vita. L'acqua dovrebbe essere per tutti un elemento naturale al quale affidarsi con tranquillità e fiducia, alla ricerca delle nostre radici, delle nostre energie, della consapevolezza più profonda del nostro essere. Inoltre la lentezza e l'armonia dei movimenti, presupposto essenziale per nuotare bene, favoriscono una condizione di rilassamento ideale, per il fisico e per la mente. Nuotando, perfettamente rilassati e a proprio agio, si può pensare, ci si può tenere compagnia con una sorta di conversazione silenziosa e rassicurante, fantasticando, meditando, persino cantando « nella testa ».

Non esiste sport che sviluppi in modo così completo le varie parti del corpo, che metta in movimento e tonifichi tutti i muscoli contemporaneamente. Il nuoto fa bene all'intero organismo: è consigliato agli obesi, contribuisce alla perdita di peso perché consuma calorie; modella e scolpisce il corpo (soprattutto addome e glutei, ma anche spalle, torace, cosce e caviglie); aiuta a mantenere l'efficienza cardiocircolatoria, fa bene alle vene (specie in caso di varici, flebiti); potenzia la resistenza, rilassa, svolge un efficace e gradevole massaggio cutaneo; attenua o elimina il mal di schiena. Il nuoto è adatto alle persone ipertese, ipotese e tendenzialmente depresse, perché tonifica corpo e mente e nello stesso tempo rilassa: al termine di una nuotata si avverte una sorta di « formicolio » nella circolazione, di migliorata respirazione, di « freschezza », di vivacità, come se la nostra testa fosse stata « spianata », liberata da un sovraccarico di nozioni. Il nuoto era consigliato in passato ai bambini poliomielitici, perché in acqua, in assenza di peso, potevano praticare più facilmente certi movimenti più difficoltosi a terra. È consigliato dai medici per i bambini gracili, affetti spesso da malattie dell'apparato respiratorio. È idoneo, anzi consigliato, a chi soffre di problemi dell'apparato scheletrico (scoliosi, lordosi, cifosi), artrosi o problemi di articolazione, giacché non sovraccarica le ossa e le giunture, e svolge una funzione di rieducazione e riabilitazione dei muscoli e delle articolazioni.

Il nuoto. Facile, utile, divertente, benefico e adatto a tutti, a ogni età: di quale sport si può dire altrettanto? Imparare a nuotare è quasi un dovere, quanto una disciplina scolastica. Non c'è sport così indispensabile da augurarsi che possa diventare obbligatorio. Non c'è sport che sia utile e nello stesso tempo dilettevole. Il nuoto – insieme a una varietà sorprendente di proposte ginnico-motorie – è tra le attività più propagandate dagli istituti di bellezza attrezzati anche con piscine, per il benessere fisico, la cura e la scultura del corpo.

1

IL NUOTO È UNO SPORT PER TUTTI

Il nuoto è una delle pratiche sportive meno soggette a controindicazioni. Si può nuotare a tutte le età. Se venisse tuttavia l'estro di un'iniziazione tardiva, qualche problema potrebbe presentarsi poiché, riducendosi l'elasticità muscolare, i movimenti potrebbero risultare più rigidi, più impacciati, a danno del galleggiamento. Per tale ragione si consiglia di imparare il nuoto da bambini. È comunque altresì vero che nuotare dopo i cinquant'anni, per esempio, o addirittura a ottant'anni, se si ha la fortuna di arrivarci in buona salute, aiuta a mantenere cuore e polmoni ossigenati, e il corpo tonico, flessibile, agile. Persino gli anziani colpiti dall'osteoporosi possono trovare giovamento nel nuoto: in acqua non c'è rischio di fratture, se si esclude la malaugurata avventura di una « scivolata » sulla superficie bagnata intorno a una piscina; nuotare fa bene, in acqua c'è assenza di peso, i movimenti sono tutti più facili e redditizi.

Dopo una bella nuotata rilassata si avverte una condizione di generale benessere anche perché il nuoto, se praticato correttamente, è tra gli sport che richiedono meno sforzo, meno tensione.

Una precisazione importante riguarda i soggetti asmatici o a rischio di allergie delle vie respiratorie: oltre al benefico effetto dell'ossigenazione polmonare dovuta alla respirazione, ricordiamo che le piscine sono in genere i luoghi dove è più bassa la concentrazione di polveri o polline.

Il nuoto mamma (pre-maman) e bambino

Il nuoto come preparazione al parto

Le mamme in attesa, se hanno una gravidanza regolare e senza complicazioni, possono praticare il nuoto, anzi ne traggono giovamento. In acqua possono eseguire facili esercizi di rilassamento; supine, in posizione di galleggiamento, trovano sollievo soprattutto nella schiena, nella regione lombare, che normalmente è la più sovraccaricata, penalizzata dal peso. Inoltre mantengono una buona forma fisica generale, agili le articolazioni e tonica l'intera muscolatura, ossigenati i polmoni (questo favorirà lo sforzo della spinta e la respirazione durante il parto). Ulteriore beneficio ne trarrà la circolazione: per le vene varicose o a rischio di flebiti, per i gonfiori a piedi e caviglie, il massaggio idrico svolge un'efficace azione preventiva e rinfrescante.

Naturalmente consultate sempre il vostro medico prima di intraprendere di vostra iniziativa una regolare attività di nuoto.

Il parto in acqua

È noto che qualche anno fa si è cominciato a sperimentare con successo una tecnica di parto acquatica. La prima è stata una scuola sovietica. Essa si basa sul principio che l'acqua, come elemento naturale, attenui o elimini del tutto nella mamma che partorisce tensione, dolore, ansia, e costituisca per il bambino che viene alla luce un passaggio graduale, meno traumatico, dal liquido amniotico all'acqua all'atmosfera. Sappiamo che nel bambino appena nato è ancora in funzione, quel meccanismo, quella valvola che i pesci e gli animali marini invece, beati loro, conservano (nell'uomo si atrofizza quasi subito) e che inibisce l'annegamento e impedisce di ingoiare acqua. Tutto si svolge in una piscina climatizzata, in una situazione di estrema calma, di rumori attenuati. Travaglio e parto sembrano una ripresa al rallentatore: l'acqua addolcisce un evento che non è privo di dolore, ma che in tale prospettiva pare per lo meno sottratto all'ansia, all'inevitabile, incontrollata reazione emotiva.

Il nuoto per i bambini piccoli

Alcuni centri sportivi organizzano poi lezioni di nuoto – meglio chiamarle sedute acquatiche in una dimensione di gioco e di confidenza – per bambini di pochi mesi o di pochi anni da soli o insieme alle mamme: è un'esperienza importante ed emozionante, anche perché un neonato o un bambino che possa, anche in una piscina, continuare a sentire l'abbraccio della propria mamma (il ricordo ancestrale del liquido amniotico), ne ricaverà soltanto una sensazione di serenità, di benessere, in totale assenza di paura e, in seguito, continuerà a vivere e a muoversi nell'acqua come nel suo secondo elemento.

Dunque neonati, bambini, donne, anche in attesa, anziani: imparate a considerare l'acqua una seconda dimensione nella quale muovervi con la massima naturalezza. E ricordate che il nuoto può diventare il vostro gioco più spontaneo, divertente e salutare.

Qualche cenno storico e letterario

« Un corpo immerso in un fluido subisce una spinta verso l'alto pari al peso del liquido spostato »: è la formulazione del principio di Archimede (287-212 a.C.) che per primo scoprì la legge sul galleggiamento dei corpi. A quell'epoca, oltre duemila anni fa, l'uomo tuttavia doveva già aver imparato a nuotare. Probabilmente furono favorite nell'antichità popolazioni abitanti in prossimità dell'acqua, su fiumi, laghi, mari: ognuno dovette inventarsi per necessità un suo modo di stare a galla e di muoversi, il resto lo fece l'imitazione.

I greci veneravano l'acqua e le attribuivano poteri misteriosi. Si ricordi la leggenda di Achille che, appena nato, fu immerso dalla madre in un fiume, dal quale riemerse completamente invulnerabile, tranne il fatidico tallone. Dei romani è quasi superfluo ricordare le numerose piscine e terme, alcune di dimensioni grandiose (gli imperatori facevano a gara nel costruirle).

Per secoli le testimonianze sul nuoto furono rare, quasi inesistenti. Le prime gare storiche di cui si ha notizia furono disputate nel 1315 a Venezia, mentre nel 1538 fu pubblicato il primo trattato sul nuoto, opera del tedesco Nicolaus Wynmann. Un manuale uscì in Inghilterra nel 1719 a firma di N. Orme, mentre in Italia un certo Oronzio De Bernardi pubblicò per primo, solo verso la fine del Settecento, una sorta di manuale dell'Uomo galleggiante o « arte ragionata del nuoto ». Pare certa la supremazia inglese affermatasi nell'Ottocento, con il rinnovato culto romantico per la natura. A Liverpool, nel 1828, si costruì probabilmente la prima piscina coperta. Si organizzavano gare di nuoto su tutti i fiumi, spettacoli acquatici in ogni città costiera; pare che Londra fosse dotata di sei piscine stabili che la rendevano allora la capitale mondiale del nuoto. A Londra si disputò nel 1837 la prima storica competizione natatoria in vasca; mentre sembra che il debutto del nuoto alle Olimpiadi avvenisse nel 1896 ad Atene. In ogni università se ne diffuse l'insegnamento, con differenti, peculiari metodologie, al punto che per esempio il college di Eton si distingueva per lo stile lento della bracciata.

Non mancarono eroi famosi, anche tragicamente famosi, come il poeta inglese Shelley, il quale adorava l'acqua, ma, non sapendo nuotare, annegò al largo di Viareggio. Un altro grande poeta inglese, Byron, invece nuotava ovunque e andava fiero della sua abilità sportiva, quasi più che della sua produzione artistica. Per imitarlo, si dice che Edgar A. Poe, appena quindicenne, nuotasse sei miglia controcorrente sul fiume James. Anche Goethe si distinse in veste di nuotatore. Sarebbe troppo lungo l'elenco degli artisti, dei mitici nuotatori. Chi volesse saperne di più legga l'affascinante storia scritta da Charles Sprawson,* che è molto più di una semplice « storia »: è un incantevole, poetico romanzo sulla passione per l'acqua attraverso i secoli, dai greci ai nostri giorni. Fra parentesi, l'autore, novello Leandro, ha compiuto la storica impresa dell'attraversamento dei Dardanelli.

Più facile è chiedersi cosa spingeva questi artisti, cosa spinge l'umanità al contatto con l'acqua. L'amore per l'ignoto, la magica esperienza dei sensi, i suoni misteriosi che si avvertono nelle profondità? Si dice che il nuoto affini l'immaginazione e sia più congeniale agli spiriti introversi, chiusi in un mondo mentale che l'acqua contribuisce ad attutire, a plasmare. Comunque sia, lentezza e armoniosità dei movimenti favoriscono uno stato di calma, di silenzio, di assorbimento in se stessi.

Breve storia degli stili

Quando si canonizzarono gli stili tradizionali, e come avvenne che se ne stabilissero regole e istruzioni dando vita a un codice rigorosamente applicato in tutti paesi del mondo?

* *L'ombra del massaggiatore nero. Il nuotatore, questo eroe*, Milano, Adelphi, 1995.

Lo stile più antico è stata la rana, forse perché il più facile e il più naturale. Nel 1871, ai campionati inglesi, Winston Cole si esibì in uno stile chiamato *over* (o *overarm = single over arm side stroke*), vale a dire una nuotata sul fianco, con un braccio sempre immerso e l'altro che ruota, con fase di recupero esterna (questo stile è ancor oggi adottato nella tecnica di salvataggio). Sempre un inglese, John Trudgen, nel 1887, copiò una tecnica in uso presso gli indigeni sudamericani e diede il suo nome a uno stile che si nuota con la testa fuori dall'acqua, le braccia alternate, le gambe con sforbiciata a rana. Lo usano oggi i pallanotisti per scatti brevi. I fratelli australiani Wickham introdussero il *crawl* (dal verbo inglese che vuol dire « strisciare »), imparato dagli indigeni delle isole Salomone, con battuta alternata delle gambe dall'alto in basso. Il dorso si nuotava in posizione quasi seduta, con battuta delle gambe a « rana rovesciata »; più tardi la posizione si fece più diritta e a quello della rana si sostituì il colpo delle gambe a « crawl rovesciato ». Il dorso fece la sua prima comparsa alle Olimpiadi del 1900.

Nel 1908, a Londra, i rappresentanti di dieci nazioni europee diedero vita alla FINA (Fédération Internationale de Natation Amateur), l'Ente che ancor oggi sovrintende alle varie competizioni acquatiche nel mondo.

La rana, all'inizio nuotata con bracciata e colpo di gambe molto larghe, ha subìto le variazioni più evidenti. Nel 1928 era ancora in voga la rana subacquea. Successivamente la bracciata si fece più stretta, le gambe andarono più in profondità, con le ginocchia più vicine, e il calcio si fece più poderoso; un regolamento stabilì che la testa dovesse emergere per la respirazione a ogni bracciata. Dalla rana nacque lo stile a farfalla: colpo di gambe identico e bracciata con recupero esterno e braccia parallele. Da qui si passò al delfino, sostituendo al calcio delle gambe a rana la battuta a gambe tese e unite dall'alto verso il basso. Lo stile fu codificato dopo le Olimpiadi del 1952.

Attualmente gli stili canonici, derivati dalle varie tecniche modificatesi nel corso di due secoli, sono quattro: lo stile libero (crawl), il dorso (o crawl sul dorso), la rana e il delfino (farfalla).

L'insegnamento del nuoto

In genere la metodologia per l'insegnamento del nuoto è uniforme. Si dovrebbe iniziare con un primo approccio graduale in acqua, una prima fase di ambientamento e di familiarizzazione con il nuovo elemento (in genere la si affronta in piscina). Le regole-base da imparare subito sono quelle del galleggiamento. Si comincerà poi con esercizi di movimento delle gambe, aggrappati al bordo vasca e successivamente a tavolette o cuscinetti.

È a questo proposito fondamentale un buon rapporto con l'istruttore, al quale ci si deve poter affidare con serenità, con fiducia e anche un pizzico di simpatia utile a sdrammatizzare le prime fasi di inevitabile tensione.

È opportuno fare subito una distinzione: se il nuoto viene appreso in tenera età, vanno benissimo le lezioni di gruppo, che favoriscono la socializzazione e la solidarietà fra i bambini, e molto spesso anche l'imitazione, l'emulazione rispetto a coloro che imparano più in fretta ed eseguono correttamente i primi esercizi. La lezione collettiva serve anche a dilazionare i tempi di esecuzione: l'insegnante infatti farà eseguire una serie di movimenti al gruppo, e in un secondo momento verificherà individualmente l'apprendimento, in modo tale che ciascuno avrà tempi di attesa durante i quali prepararsi «psicologicamente» alla propria dimostrazione, magari esercitandosi. Il rapporto con l'insegnante sarà meno diretto, meno ansioso, e la concentrazione sarà così diluita.

Se invece ci si accosta al nuoto in età più matura, in alcuni casi è preferibile optare per lezioni individuali, soprattutto quando si ha una grande « paura » dell'acqua, che richiede di conseguenza un approccio più complesso, più lento. Non si può infatti condizionare il gruppo e riservare a un solo individuo in difficoltà l'attenzione dell'insegnante; d'altra parte chi prende avvio da condizioni così svantaggiate ha il diritto di poter contare su una presenza didattica continua e concentrata per tutta la durata della lezione.

Come minimo una lezione di nuoto dovrebbe durare un'ora. Dipende comunque da una serie di variabili: per esempio se la sede è il mare o una piscina, per quanto tempo si può disporre di una vasca o di una corsia libera, ecc.

In alcuni casi è necessaria la presenza in acqua dell'insegnante, non soltanto per dare dimostrazione pratica, ma anche per intervenire direttamente sulla corretta posizione in acqua, sul movimento di braccia e gambe, sulla respirazione.

È consigliabile eseguire una serie di esercizi di ginnastica prenatatoria, non soltanto per sciogliere i muscoli, ma anche per favorire un'opportuna ossigenazione cuore-polmoni; inoltre l'insegnante illustrerà e talvolta farà eseguire « a secco » i movimenti dei vari stili.

Si può imparare a nuotare da soli?

Nuoto da autodidatti? Per i più intraprendenti non è da escludere.

Ho detto che la figura dell'insegnante è importante almeno per i principianti. Non parliamo neppure di chi ha un'autentica paura dell'acqua. Un insegnante che sia anche disposto a entrare in acqua, dare dimostrazione pratica, intervenire nella corretta esecuzione dei movimenti, permette un apprendimento rapido e vogliamo dire « politicamente corretto ». Non intendo barare sul fatto che il nuoto è tra gli sport che richiedono un'impostazione di base che non è agevole ricavare da pagine scritte, da strumenti di supporto quali video, cassette audio o simili. Al contrario della ginnastica, di esercizi a corpo libero, non ci si può osservare per esempio davanti a uno specchio che rifletta i nostri movimenti e ci permetta di correggerli. Nel nuoto è fondamentale una sorta di « occhio esterno » che ci possa fare da guida e ci dica dove si sbaglia. Tuttavia chi è capace di un minimo di galleggiamento, un minimo di propulsione sia pure un po' approssimativa e inelegante, chi ha avuto occasione di guardare nuotatori professionisti o chi comunque sa distinguere almeno teoricamente – sugli altri – una buona nuotata da un generico « darsi da fare » in acqua, potrà trovare in questo manuale una base sulla quale lavorare anche autonomamente, se si arma di pazienza e di costanza.

Provate e riprovate, magari con l'aiuto di un parente o di un amico generoso, disposto a seguire dal bordo vasca, o in mare, i vostri maldestri tentativi, le vostre scivolate avanti e indietro che sicuramente necessitano di correzioni. Soprattutto leggete bene la sezione sugli errori più comuni nei vari stili: è facile che possiate ritrovarvi, che possiate riconoscere le vostre sensazioni quando, anche da soli, vi rendete conto che qualcosa non funziona per un disagio specifico o una generica impressione di affaticamento, di mancanza di compostezza, di galleggiamento discontinuo, persino di dolore fisico. Partite dall'errore e lavorate sul particolare: una mano che entra male, le gambe che battono troppo in superficie, la posizione della testa, la respirazione. Nel nuoto la sequenza degli stili presuppone una scomposizione minuta di fasi. Leggete e rileggete la sequenza, focalizzate il vostro difetto, ripetete quell'unico movimento sino alla noia. Nel nuoto ci vuole tempo, gradualità, ripetitività. Ne sarete ripagati, specialmente se riuscirete a cavarvela da soli.

Ginnastica prenatatoria

Sono da preferire tutti quegli esercizi a corpo libero che fanno lavorare, potenziandoli, i principali muscoli motori coinvolti nel nuoto (soprattutto gli addominali), che sciolgono le articolazioni e le giunture, che comportano un'efficace respirazione e che favoriscono una corretta coordinazione dei movimenti. Se la lezione di nuoto dura un'ora, saranno sufficienti quindici, venti minuti di ginnastica.

Qui di seguito vi offro una serie di proposte che vi lascio liberi di combinare a piacimento, per la durata che preferite.

Esercizi di riscaldamento per sciogliere le articolazioni e le giunture

1. Innanzi tutto eseguite un esercizio di elasticità per il collo e la testa: muovete la testa con piegamenti laterali, cercando di toccare la spalla con l'orecchio. Ruotate il capo prima a sinistra, poi a destra. Poi flettete in avanti, andando a toccare lo sterno con il mento, e indietro. Eseguite infine una mezza rotazione in avanti, disegnando un semicerchio il più ampio possibile, in senso orario e successivamente antiorario.
2. Passerete poi a una breve corsa o a saltelli in scioltezza sul posto, alzando bene le ginocchia. Con le mani sui fianchi, a gambe e piedi uniti, saltellate di lato, a destra e poi a sinistra, e avanti e indietro. Sciogliete le braccia e le gambe sul posto.
3. Con le mani sui fianchi, piegatevi sulle ginocchia, stan-

do in punta di piedi e sedendovi sui talloni. Ripetete più volte l'esercizio senza perdere l'equilibrio.

4. Saltellate divaricando le gambe e sollevando contemporaneamente le braccia sopra la testa, prima lateralmente e poi avanti e indietro, a gambe e braccia alternate. Respirate sempre profondamente al termine di ogni esercizio, allargando le braccia per distendere e aprire la cassa toracica.
5. A gambe divaricate, eseguite una rotazione e una circonduzione delle braccia (vale a dire fate compiere alle vostre braccia un giro completo, facendo perno sull'articolazione della spalla): insieme avanti, insieme indietro e poi alternate (un braccio ruota in avanti, l'altro indietro).

Esercizi per allungare i muscoli della schiena

1. In piedi, gambe divaricate, braccia tese avanti, palme rivolte in basso. Con uno slancio, sollevandovi sulla punta dei piedi, portate la braccia lateralmente in linea con le spalle, palme avanti, perpendicolari al pavimento. Ripetete 10 volte. Il movimento delle braccia tese deve essere veloce. In seguito fate dei saltelli sul posto in scioltezza.
2. In piedi, gambe divaricate, mani sulle spalle, gomiti appoggiati ai fianchi. Sollevatevi con slancio sulla punta dei piedi, stendete le braccia in alto, ben tese sopra la testa, palme in dentro (le braccia sfiorano le orecchie).
3. In piedi, gambe divaricate, braccia in alto, palme rivolte in avanti. Eseguite una circonduzione (rotazione sino a compiere un semicerchio) delle braccia all'indietro verso il basso, piegate il busto in avanti e andate a toccare il pavimento al centro delle gambe. Risollevatevi riportando le braccia in alto, compiendo un semicerchio a braccia tese avanti, dal basso verso l'alto.

Esercizi per le braccia

1. In piedi, gambe divaricate, mani sulle spalle, gomiti larghi, all'altezza delle spalle. Stendete lateralmente un braccio alla volta, sempre all'altezza della spalla e parallelo al pavimento, girando la testa dalla stessa parte (le palme delle mani sono rivolte verso l'alto). Ripetete 10 volte. Saltelli e respirazione.
2. In piedi, gambe divaricate, braccia avanti, mani a pugno. Ruotate le braccia in un verso e nel verso opposto, compiendo piccolissimi cerchi. Senza fermarvi, portate le braccia in alto, sopra la testa, continuando a ruotare. Infine allargate le braccia a forma di croce, sempre ruotando. Saltelli, sciogliendo le braccia lungo i fianchi.
3. Ripetete l'esercizio precedente anziché ruotando le braccia, aprendo e chiudendo alternativamente le sole mani. Con il busto piegato in avanti sciogliete le braccia, facendole ciondolare. Respirazione.

Esercizi per la schiena

1. In piedi, gambe divaricate, mani ai fianchi. Ruotate il tronco dalla vita in su, tenendo ferme testa e spalle, compiendo un'intera circonferenza in avanti, di lato, all'indietro, prima in senso orario e poi antiorario.
2. In piedi, mani ai fianchi. Flettete il tronco lateralmente, spalle ferme, senza piegarvi in avanti, testa diritta. Con la mano percorrete la gamba sino a toccare la caviglia. Ripetete da un lato e dall'altro, alternativamente.
3. In piedi, gambe divaricate, busto eretto, mani dietro la nuca, gomiti larghi. Flettete il tronco in avanti, parallelo al pavimento. Tornate eretti. Flettete da un lato, senza piegarvi avanti, tenendo testa e spalle ferme. Tornate diritti. Flettete dall'altro lato. Ripetete tutto 10 volte. Saltelli in scioltezza.

4. In piedi, gambe divaricate. Portate le braccia dietro la schiena, un braccio dall'alto dietro la testa con il palmo appoggiato alla schiena, l'altro braccio dal basso sotto la spalla, con il palmo rivolto all'esterno. Cercate di afferrarvi le mani o almeno le dita. Tenete per un minuto.

Esercizi per gli addominali

1. Sdraiati, pancia in su, gambe diritte e unite, punte dei piedi tese in avanti, braccia in alto sopra la testa. Flettete il busto con slancio, andate a toccare con le braccia tese e unite le punte dei piedi. Ripetete almeno 10 volte.
2. Seduti, gambe ben divaricate, punte dei piedi distese, braccia in alto, sopra la testa. Piegatevi in avanti con il tronco sino a toccare con le mani la punta di un piede e poi dell'altro, ogni volta tornando alla posizione di partenza, a busto eretto. La testa tra le braccia dovrebbe sfiorare la gamba con la fronte. Ripetete 10 volte.
3. Seduti, gambe tese in avanti, braccia tese dietro la schiena, palme delle mani a terra. Sollevate il bacino sino a formare una linea retta obliqua con tutto il corpo. Ripetete 10 volte.
4. Seduti, gambe tese in avanti. Appoggiate i gomiti e gli avambracci a terra dietro la schiena, sollevate le gambe tese a pochi centimetri da terra. Muovete le gambe alternativamente per alcuni minuti, dall'alto verso il basso, tenendo le punte dei piedi ben tese in avanti. Riposate brevemente e ripetete l'esercizio, anche se i vostri addominali saranno un po' indolenziti. Nella stessa posizione, sollevate le gambe tese, ruotatele in senso opposto compiendo dei cerchi nell'aria, all'interno e poi all'esterno. Stessa posizione, sforbiciata delle gambe tese che si incrociano alternativamente. Respirazione.

Un po' di stretching (a terra)

1. Supini, gambe tese, mani dietro la nuca. Sollevate di qualche centimetro il tronco avanti, spalle ferme, tenendo i gomiti larghi. Ripetete 20 volte.
2. Supini, braccia lungo i fianchi. Flettete le gambe, portate le ginocchia vicino alla faccia e stendete le gambe indietro, passando sopra la testa, toccando con i piedi il pavimento. Tornate nella posizione di partenza e ripetete altre 5 volte.
3. Proni, braccia tese in avanti, palme a terra. Sollevate insieme con slancio braccia e gambe tese a qualche centimetro da terra (poggiando il peso sulla pancia). Il busto e la parte inferiore del corpo si sollevano. Ripetete gli slanci 10 volte. Riposate, rilassandovi.
4. Successivamente, sollevate e muovete dall'alto verso il basso alternativamente braccia e gambe sempre ben tese, con movimento stretto e rapido, per pochi secondi. Ripetete più volte l'esercizio. Respirazione.
5. Sempre proni, afferrate le caviglie con le mani dietro le spalle, formando un arco. Tendete le gambe forzando la spinta sulle braccia. Sollevate bene il tronco, testa diritta in avanti. Ripetete 5 volte.

Flessioni

1. Proni, gambe tese, punte dei piedi a terra, gomiti piegati, mani all'altezza delle spalle. Stendete le braccia, sollevate il bacino sino a formare una linea retta obliqua con il corpo. Ripetete la flessione sulle braccia almeno 10 volte.
2. Proni, gambe tese, dorso del piede a terra, gomiti piegati. Appoggiate gli avambracci e le palme delle mani a terra in linea con le spalle. Con una spinta in su sollevate il bacino sino a formare un triangolo del corpo con il

pavimento, il mento sullo sterno. Per la posizione che precede lo slancio questo esercizio è chiamato « la sfinge ». Ripetete più volte.

E per concludere

E ora due esercizi che partono entrambi da una posizione accosciata/rannicchiata a terra, mani poggiate sul pavimento, seduti sui talloni, in posizione raccolta.

1. Con uno slancio saltate in alto, braccia tese sopra la testa, gambe tese e unite. Tornate rannicchiati.
2. Con uno slancio distendete le gambe indietro, poggiando a terra le punte dei piedi: tornate in posizione accosciata.

Ripetete gli slanci, alternando i saltelli in alto, in piedi, a quelli a terra, con spinta delle gambe indietro. In piedi, sciogliete braccia e gambe.

Ancora qualche saltello sul posto. Respirazione.

Pronti a entrare in acqua

Prima di affrontare un corso di nuoto, anche per principianti, è opportuno verificare l'idoneità, attraverso una **visita medica completa e accurata**. Meglio se ci si potrà sottoporre a controlli periodici, soprattutto nel caso di nuotatori che intraprendano una carriera agonistica.

Ed eccoci in piscina, muniti di una **attrezzatura di base** che, a parte costume e cuffia – soprattutto per chi ha i capelli lunghi, che in ogni caso andrebbero raccolti –, accappatoio, possibilmente con cappuccio, e asciugamano, comprenda comodi zoccoli o ciabattine con suola di gomma, calze di cotone, per la ginnastica, e una capace borsa.

Attenzione al pericolo « verruche »: sconsigliato girare a

piedi nudi; meglio raggiungere il bordo vasca e depositare gli zoccoli il più a portata di... piede! Le verruche sono un'afflizione non infrequente per i nuotatori; non fanno male, ma sono sgradevoli e possono diffondersi a « colonia »; per di più ne è comunque sgradevole l'estirpazione, nonostante i progressi medici in materia, poiché al vecchio elettrobisturi che « bruciacchiava » la pelle, oggi si è sostituita la criochirurgia o addirittura il laser.

Gli occhialini sono senz'altro consigliati per portatori di lenti a contatto o per chi vuole attenuare gli effetti sgradevoli del cloro sugli occhi, ma nel caso dei principianti direi che sono superflui. Per non parlare di quegli aggeggi ultrasofisticati e ultramoderni, vale a dire radioline waterproof con auricolari. Solo i nuotatori agonisti, meglio se « fondisti », cioè maratoneti dell'acqua a lunghe distanze, potranno allietare la noia delle interminabili vasche macinate in solitudine, a patto che l'allenatore sia d'accordo. In alcuni casi sarà l'istruttore a raccomandare l'uso di tavolette o cuscinetti gonfiabili che serviranno ai principianti per uno stabile appoggio, ai professionisti per l'allenamento di sole gambe o braccia, vedremo come.

L'ultimo ritrovato – in fatto di « equipaggiamento » acquatico – è una sorta di costume-salvagente: un costume... imbottito, galleggiante, naturalmente consigliato ai principianti più « fifoni ». Lo segnalo solo per curiosità: mi auguro che non ne abbiate bisogno.

Prima di entrare in vasca è obbligatoria per tutti una **breve doccia**, possibilmente fredda, non solo per questioni igieniche ma per abbassare la temperatura corporea e predisporre il fisico al contatto con l'acqua. Naturalmente, sia durante gli esercizi di scioglimento a terra, sia a maggior ragione in acqua, durante la lezione, è severamente proibito tenere in bocca la gomma da masticare, che inibisce la corretta respirazione e può essere inavvertitamente inghiottita. Una bella doccia calda sarà invece l'ideale dopo la vostra nuotata: tenere i muscoli caldi dopo averli esercitati fa bene. Ricordatevi quindi di asciugarvi accuratamente e di dedicare una particolare cura alle orecchie: non vi devono rimanere residui d'acqua che, oltre a spiacevoli disturbi infiammatori, con conseguente sgradevole prurito, possono causare otiti e disturbi cronici dell'apparato auricolare.

2

IL NUOTO PER PRINCIPIANTI (IN ACQUA BASSA)

Il primo impatto con l'acqua: soffiare per non bere

Nella vasca cosiddetta dei principianti, il livello dell'acqua è sempre inferiore all'altezza di un individuo anche di bassa statura. Generalmente, si parte da pochi centimetri, da un livello d'acqua che dai polpacci si alza e aumenta progressivamente, sino ad arrivare al massimo alle spalle o al mento di un bambino.

Chi parte da zero entrerà in acqua camminando per saggiare le prime sensazioni. Muovete i primi passi in acqua avanti e indietro, tranquilli, respirando normalmente, sino al livello in cui « si tocca » senza paura e l'acqua rimane a una distanza di sicurezza dal viso e dalla bocca. Provate a sedervi in acqua bassa, a distendervi tenendo mani e piedi poggiati sul fondo in modo da non perdere stabilità sia in posizione supina sia a pancia in giù, ma con la testa e le spalle emerse. La profondità ideale per un principiante è proprio quella che corrisponde alla lunghezza del braccio. Gradualmente, provate a staccare sia pure per pochi istanti mani e piedi, prima questi ultimi, poi anche le ultime dita della mano, per saggiare la posizione di galleggiamento. I più temerari che riusciranno a spingersi verso l'acqua alta (si fa per dire), avvertiranno meglio quella gradevole sensazione di assenza di peso, di leggerezza, di galleggiamento naturale che l'elemento liquido può assecondare. Naturalmente ci si potrà sbizzarrire, soprattutto con i bambini, a inventare giochi come corse, saltelli, girotondo o esercizi che favoriscano questa prima fase di **ambientamento**, sino a una completa sicurezza e familiarità con l'acqua. Per fare un esempio: supini, mani sul fondo, sollevare alternativamente una gamba e poi l'altra fuori dall'acqua; ripetere poi lo stesso movimento, in posizione prona.

A questo punto arriva il momento fatidico dell'**immersione della testa**. Provare a mettere sott'acqua il viso è per i più fifoni un'autentica tortura. Ai soggetti più recidivi, consiglio di fare esperimenti a casa, in una condizione ideale di tranquillità e in un recipiente che contenga meno... acqua, per limitare il panico, per esempio nel lavandino, opportunamente riempito, o, ancora meglio, nella vasca da bagno. Forse il contatto con l'acqua lievemente tiepida può agevolare i più; tuttavia non è certo la temperatura che influisce su questo esercizio indispensabile.

All'inizio immergete il viso tenendo chiusi occhi e bocca. Non ci sarà bisogno di raccomandazioni, i principianti li terranno addirittura « sigillati ». Nei limiti del possibile, dovrete evitare, dopo i primi tentativi, quel gesto automatico e ossessivo di detergervi la faccia, strofinando gli occhi, passandovi le mani su naso e bocca come se voleste eliminare ogni residuo di acqua. Può capitare, soprattutto a un adulto, il panico dell'acqua, tale per cui persino spruzzando qualche goccia in faccia si provoca una sensazione di soffocamento. Niente paura: si possono vincere anche le resistenze più inespugnabili, basta un po' di pazienza. Partirete da molto lontano, con ripetute abluzioni spontanee e da soli: mani bagnate sul viso, e poi poca acqua nel palmo delle mani; quando sarete in grado di spruzzarvi consistente acqua sul viso, proverete anche a immergervi, magari tenendovi « tappati » con le mani naso e bocca, se questo vi farà sentire più tranquilli. Eliminate comunque la tortura dei capelli bagnati sul viso, raccogliendoli dentro una cuffia.

Un principio basilare che è importante capire e assimilare a questo punto è il seguente: **l'unica maniera per evitare di bere è soffiare l'aria** contenuta nei polmoni dalla bocca e, possibilmente, anche dal naso. Si può fare anche contemporaneamente, ma questa è un'abilità che si acquisisce con l'esperienza. A viso sommerso, fintanto che l'aria fuoriesce da bocca e naso, è impossibile che vi entri l'acqua. Bisogna che verifichiate da soli che l'aria soffiata sott'acqua produca quelle classiche « bollicine » spumeggianti, prova che state eseguendo davvero l'esercizio. Qualcuno di voi proverà a barare oppure soffierà talmente poco da non smuovere un centimetro cubo d'acqua. Ripeto: dovete controllare da soli la vostra personale produzione di bollicine. Per fare ciò imparerete anche ad aprire gli occhi sott'acqua e a tenerli aperti. Anche questo non sarà facile: la sensazione del contatto dell'acqua sugli occhi aperti va sperimentata con pazienza e con ripetuti esercizi. Ancora più forte sarà la tentazione di strofinarvi il viso con le mani. Non importa, almeno durante le prime lezioni questo è permesso. Il vizio scomparirà da solo gradualmente, quando si passerà a esercizi più impegnativi e che richiederanno maggiore concentrazione.

L'espirazione a testa immersa deve essere lenta e completa: è necessario svuotare del tutto i polmoni dell'aria che vi è contenuta. Se resta un po' di ossigeno e si inspira altra aria, si creerà un sovraccarico, un affaticamento, una fase di confusione e il rischio di bere aumenterà. Le fasi di **espirazione** e di **inspirazione** devono seguire un ritmo regolare: più lenta la prima, naturalmente, poiché svuotare i polmoni completamente richiede più secondi rispetto alla fase di « presa d'aria » con la testa emersa. Ripetere l'esercizio più volte, in piedi, tenendovi aggrappati al corrimano del bordo vasca, o tenendo per mano qualcuno in acqua davanti a voi, sino a che ogni ciclo respiratorio non si regoli secondo il proprio ritmo individuale, sarà fondamentale per passare alla successiva fase di didattica dei corretti stili di nuoto.

In questa fase preliminare, quando riuscirete a immergere tutta la testa sott'acqua, soffiando completamente l'aria contenuta nei polmoni e tenendo gli occhi aperti, potrete alla fine anche divertirvi con esercizi e giochi di recupero di oggetti colorati dal fondo vasca. Non importa con quale tecnica di immersione (siamo ancora in acqua relativamente bassa): l'importante è muoversi in acqua con tranquillità, affidarsi all'elemento e giocare, sperimentare, sviluppare un proprio movimento acquatico sicuro.

Scivolamento e galleggiamento: la testa fa da timone

Galleggiamento in posizione supina

Se avrete eseguito correttamente e con una certa tranquillità tutti gli esercizi preparatori sopra descritti, avrete avuto modo di sperimentare, sia pure brevemente, la sensazione di galleggiare. È del resto vero che soltanto dopo una prima fase di ambientamento, durante la quale avrete acquisita una certa sicurezza e fiducia nell'acqua, potrete affrontare adeguatamente l'esercizio di galleggiamento da fermi. È senz'altro più facile cominciare dalla posizione supina, perché il viso fuori dall'acqua comporta minori problemi di respirazione e consente un controllo visivo della situazione, soprattutto dell'eventuale istruttore che continua a dare i propri suggerimenti durante l'esecuzione.

Immaginiamo dunque di stare distesi su un comodo letto, a braccia e gambe aperte, con tutti i muscoli rilassati: il corpo dovrebbe collocarsi lungo una linea perfettamente parallela all'acqua. È a questo punto che dovrete sperimentare e capire una delle nozioni basilari per una corretta, ideale posizione di galleggiamento: la posizione della testa costituirà sempre il punto di forza, l'ago della bilancia. È una cosa facile da sperimentare: **la testa fa da timone**, per così dire.

Se la testa è perfettamente allineata al resto del corpo, né troppo indietro né troppo avanti, bensì in linea retta con la spina dorsale, contribuirà alla vostra stabilità in acqua. In fondo, proseguendo con la similitudine del letto, dovete pensare di tenere la testa come se fosse poggiata su un cuscino, rilassata, come tutti gli altri muscoli, e non rigidamente incassata tra le spalle. A un comodo materasso vi abbandonate, come se doveste liberarvi del peso del vostro corpo. In acqua, sul vostro materasso acquatico, il peso sarà annullato davvero e senza sforzi da parte vostra, solo se vi abbandonerete con completa fiducia e se vi affiderete totalmente all'acqua.

Siete riusciti nell'intento? Le prime volte sarà necessario un piccolo sacrificio da parte dell'istruttore o dell'amico o parente che vi assiste: dovrà scendere in acqua e, sorreggendovi delicatamente con una mano sulla nuca e l'altra sotto la schiena, vi aiuterà a sperimentare la **posizione di galleggiamento**. L'istruttore allenterà gradualmente la pressione delle mani sino a staccarle completamente, ma la sua presenza e la sua vicinanza contribuiranno a rendere l'esercizio più sicuro almeno all'inizio, soprattutto nella fase di recupero della posizione eretta, quando la rigidità, l'emozione, il rischio di compiere movimenti troppo bruschi, potranno causare perdite di equilibrio e persino... bevute! Niente paura e infinita pazienza anche in questo caso. Tornate alla posizione di galleggiamento; volete una prova di quanto abbiamo detto circa la testa che fa da timone? Siete distesi in acqua, provate ad alzare la testa, portando il mento a toccare lo sterno: avvertirete immediatamente lo sprofondamento del bacino e delle gambe e una sensazione di affondamento alle estremità inferiori. Provate a regolare la posizione della testa, riportandola in allineamento con il resto del corpo: immancabilmente avvertirete una sensazione di maggiore stabilità complessiva.

A questo punto, l'istruttore proverà a darvi una spinta e a farvi scivolare sulla superficie. Se siete in grado di farlo da soli, evviva! **Galleggiamento** e **scivolamento**, vale a dire una piccola propulsione, vi daranno gli elementi primari ma istintivi, direi, della vostra ideale acquaticità. Concentratevi su questa sensazione, percepite con la massima attenzione questo contatto con l'acqua, che vi sostiene solo se sapete assecondarla, imparate una volta per tutte il senso corretto della vostra acquaticità. Per molti sarà come imparare ad andare in bicicletta: una volta calibrato il vostro equilibrio sui pedali, sarà impossibile dimenticarlo. Respirate tranquillamente durante l'esercizio, tenete le braccia e le gambe rilassate, più avanti imparerete anche a dare dei piccoli colpetti con le mani, di assestamento, di bilanciamento. Ma tutto verrà a suo tempo, quasi d'istinto.

Galleggiamento in posizione prona

Il galleggiamento da fermi in posizione prona è un po' più difficile, anche perché dovrete immergere il viso sott'acqua e ricordarvi di soffiare aria dalla bocca e dal naso. Assumete la stessa posizione sdraiata sul letto acquatico ma a pancia in giù e a braccia e gambe aperte, abbandonate; la testa è allineata e il corpo è perfettamente parallelo. È la classica posizione del... morto! Poco felice come immagine, ma rende l'idea. Anche in questo caso, mettete alla prova il vostro infallibile timone. Distesi a pancia in giù, galleggiate, alzate la testa fuori dall'acqua, come per guardarvi intorno: le vostre estremità inferiori sprofonderanno e vi faranno perdere la posizione di galleggiamento. Allineando la testa con il corpo, aprite gli occhi, guardate il fondo della vasca, soffiate lentamente l'aria. Se siete perfettamente rilassati, potrete percepire l'abbraccio dell'acqua che vi sostiene. Anche in questo caso sarebbe meglio che qualcuno potesse assistervi e, quando avrete ottenuto una corretta posizione di acquaticità e di galleggiamento, con una spinta vi aiuterà a ottenere una breve propulsione in avanti. Per tornare nella posizione eretta, eseguite movimenti dolci, appoggiate i piedi sul fondo e rialzate il busto adagio. Tutto senza paura: l'importante nell'acqua è muoversi delicatamente, armoniosamente, lentamente.

Gli esercizi di galleggiamento e di scivolamento andranno ripetuti più volte. Una volta più sicuri, potrete darvi da soli una spinta dal bordo vasca poggiando i piedi sulla parete, calciando e scivolando in avanti, distendendo il corpo, prono o supino, sino a raggiungere anche in movimento la corretta posizione di galleggiamento. Successivamente le braccia e le gambe potranno allinearsi al corpo, tese e unite. Ricordatevi di respirare con il viso fuori e sotto l'acqua, respiri profondi, tranquilli. Emettete bollicine sotto la superficie. Tenete gli occhi aperti: controllate le vostre sensazioni e le varie posizioni anche visivamente.

Movimento delle gambe e delle braccia nel nuoto alternato

Una volta imparata la corretta posizione del corpo in acqua in fase di galleggiamento potrete passare ad affrontare la funzione e l'azione delle gambe e delle braccia, la **fase propulsiva**. È importante capire subito, prima di affrontarne la dinamica, quale ruolo svolgono braccia e gambe nell'economia generale della nuotata, indipendentemente dallo stile specifico. Le braccia svolgono la più consistente azione propulsiva (usiamo il termine « trazione anteriore » per capirci) e contribuiscono a regolare l'assetto del corpo, la posizione di galleggiamento e l'idrodinamicità ottimale. Inoltre determinano la posizione della testa nel delicato passaggio della respirazione. Le gambe agevolano la posizione di equilibrio e di galleggiamento del corpo e permettono l'avanzamento, la propulsione posteriore.

Esercizi in acqua per il movimento delle gambe. Posizione prona

Immersi nella vasca dal lato dove l'acqua è più alta ma si tocca, aggrappatevi con le mani al bordo, in posizione prona, cioè a pancia in giù. Il livello dell'acqua dovrebbe arrivare al petto o al massimo al collo di un bambino. Tenendo la testa fuori dall'acqua, guardando davanti a voi col mento che sfiora la superficie, allungate le gambe perfettamente tese e tenete il piede flesso, allineato con la gamba, la punta ben distesa. Guai a chi tiene il piede a martello! In posizione di galleggiamento prono, cominciate a battere le gambe alternativamente, appena sotto la superficie, senza mai piegare o fuoriuscire con il piede. Non è difficile accorgervi quando sbagliate l'esercizio: intanto c'è il rischio di battere confusamente gambe e piedi producendo schizzi disordinati e rumorosi, e dando calci all'acqua che non vi farebbero avanzare di un solo centimetro. Inoltre perdereste automaticamente la corretta posizione di galleggiamento e l'esercizio risulterebbe faticosissimo, innaturale.

Il movimento ritmico della gamba parte dal fianco e prosegue lungo il ginocchio fino alla caviglia. Il ginocchio si piega impercettibilmente per assecondare il movimento dall'alto verso il basso, su e giù, dalla coscia sino in fondo. Non si muove solo la parte della gamba oltre il ginocchio, altrimenti i piedi emergerebbero dall'acqua. Mentre una gamba si alza, l'altra alternativamente piega verso il basso: l'acqua viene spinta, così, in basso e indietro da tutta l'azione della gamba, compreso il dorso del piede, che deve essere allungato, con la punta leggermente rivolta all'interno. Si dovrebbe produrre un certo ribollire dell'acqua, moderato però, senza schizzi scomposti: è importante – non mi stancherò di ripeterlo – che i piedi battano leggermente al di sotto del pelo dell'acqua. Il motore delle vostre gambe deve viaggiare a un ritmo regolare e sostenuto: se sarà troppo debole, le gambe tenderanno ad affondare e il movimento, faticoso, non farà « bollire » l'acqua. Il ritmo piuttosto vivace e l'esecuzione corretta del movimento contribuiranno a mantenere la posizione di galleggiamento senza sforzo. Ognuno deve saggiare da solo la potenza e l'andatura, aumentare la velocità non appena avvertirà una sgradevole sensazione di « affondamento » e regolare la battuta sino a ottenere un sostegno ottimale del corpo, senza fatica, al punto che si avvertirà persino la tendenza all'avanzamento verso il bordo della vasca. Le braccia devono rimanere tese in avanti.

L'istruttore, o chi potrà darvi opportuni suggerimenti dal bordo vasca, vi osserverà attentamente correggendo i difetti, facendo abbassare o alzare il livello delle gambe, o potenziare la battuta, se necessario. In caso contrario, dovrete abituarvi da soli a percepire l'assetto stabile e corretto del movimento. Quando avrete eseguito bene l'esercizio, ripetetelo, questa volta con la testa immersa, allineata con il corpo, in mezzo alle braccia ben tese, soffiando aria sott'acqua. Successivamente, alimentando la battuta continua delle gambe, la testa emergerà; una volta esaurita la riserva di ossigeno, inspirerete nuova aria e la espirerete lentamente sott'acqua. Così, senza interruzione: battuta delle gambe ben tese, braccia tese, respirazione regolare a testa avanti e sott'acqua, occhi aperti.

Per saggiare la forza propulsiva prodotta dal movimento corretto delle gambe, dovrete eseguire il medesimo esercizio con le mani ben poggiate su una tavoletta o un cuscinetto, partendo con la schiena poggiata al bordo della vasca, dandovi una lieve spinta con i piedi, distendendovi in acqua e cercando di attraversare la vasca sino a raggiungerne il bordo opposto. È un esercizio molto utile per imparare a calibrare bene il « motore », a ottenere quella forza sostenuta e regolare necessaria per avanzare in acqua. Se piegherete troppo le ginocchia ed emergerete con i piedi, produrrete soltanto un movimento scomposto e rischierete di rimanere fermi. Eseguite l'esercizio dapprima con la testa fuori; successivamente con brevi tratti a testa sommersa e, ancora, alzando e abbassando la testa, respirando, guardando sempre avanti e mantenendo la concentrazione sul movimento regolare e sistematico delle gambe e sullo svuotamento completo dei vostri polmoni. La calma e la concentrazione saranno quanto mai necessari per una buona esecuzione. Comincerete così a percorrere la vasca avanti e indietro, mettendo alla prova la vostra dinamicità e persino la velocità: questo contribuirà a spezzare la noia della staticità di alcuni esercizi e a ottimizzare la loro fase propulsiva. Paure e rigidità lasceranno il posto a una maggiore sicurezza. Chi se la sentirà, abbandonerà coraggiosamente tavola o cuscino e, a braccia tese in avanti, testa sommersa, dandosi una spinta dal bordo, scivolando dapprima per calibrare il proprio galleggiamento, proverà ad avanzare battendo le gambe, espirando sott'acqua tutto l'ossigeno, sino a raggiungere – se possibile – il bordo opposto. Siete in vasca piccola, nel senso della larghezza: si tratta dunque di pochi metri. La prima volta vi fermerete un po' prima, ma quando le mani toccheranno la parete prima che la testa emerga dall'acqua, un'esaltante sensazione di successo vi spingerà a riprovarci quasi subito.

Esercizi in acqua per il movimento delle gambe. Posizione supina

Se l'esercizio precedente vi predispone ad apprendere il movimento delle gambe che poi vi tornerà utile quando affronterete la tecnica dello stile libero, dovrete imparare lo stesso movimento delle gambe in posizione supina, un primo... passo per misurarvi nella nuotata completa del dorso. Un cuscinetto o una tavoletta renderanno l'esercizio più agevole. Distesi a pancia in su, in posizione di galleggiamento, tenete la tavoletta o il cuscino sulla pancia, braccia e mani sopra. Ricordate di tenere la testa bene in linea con il corpo, in modo che le gambe siano anch'esse allineate e distese, unite, col dorso del piede flesso e le punte dei piedi leggermente all'interno. Piegando appena il ginocchio, ma senza farlo emergere dall'acqua, cominciate la battuta alternata delle gambe: una spinge con forza verso l'alto (il movimento parte dall'anca), l'altra verso il basso. Su e giù con ritmo sostenuto e potenza: anche in questo caso i piedi producono, come il motore di un fuoribordo, un lieve ribollire dell'acqua, standο appena sotto il livello di superficie. Guai a piegare troppo il ginocchio: l'unico risultato saranno calci forsennati e scomposti. Dovete ricordare sempre che **ogni movimento nel nuoto deve essere composto e armonioso, potente ma contenuto**, in modo da non perdere mai la posizione di galleggiamento ottimale e idrodinamica. Più vi scomponete e vi muovete a scatti, più farete fatica, sbilanciandovi invece di avanzare. Non dimenticate di respirare regolarmente, anche se la testa è emersa; gli occhi controllano anche il bordo vasca per non correre il rischio che andiate a sbattervi contro, anche se la velocità è ancora relativamente moderata. Dopo alcuni esercizi con il cuscino, una volta imparato il corretto movimento delle gambe sul dorso, potrete lasciare l'attrezzo e provare il movimento delle gambe tenendo le mani sui fianchi o le braccia distese sopra la testa. In questo modo potrete calibrare meglio il vostro equilibrio in acqua.

Dovrete insistere con pazienza sul movimento delle gambe nelle due posizioni e sugli esercizi di espirazione e di inspirazione, con la testa sott'acqua. Quando sarete in grado di attraversare la vasca in larghezza con un movimento corretto e una discreta propulsione, allora passerete alla fase di azione delle braccia.

Il movimento delle braccia

È bene provare a eseguire «a secco» il movimento, un braccio alla volta, prima di entrare in acqua. Siete dunque in piedi: piegate leggermente il busto avanti, le braccia tese in avanti, all'altezza delle spalle. Cominciate dal braccio destro. Tenendolo teso, il palmo della mano allineato all'avambraccio, le dita unite, come se la vostra mano fosse palmata (anche il pollice deve aderire al palmo), cominciate la discesa verso il basso sino a portare la mano a sfiorare la coscia. Il braccio oltrepassa appena la coscia, spingendo indietro; dunque un movimento verso il basso e indietro. A questo punto comincia il movimento «di ritorno e di recupero»: il gomito si piega, il braccio si alza al di sopra della spalla, supera la testa (le dita della mano sono sempre tese), si allunga in avanti, si distende. Quando le mani si sono riunite, cominciate il movimento con il braccio sinistro: flessione del braccio verso il basso e indietro, sino a compiere una mezza circonferenza, recupero e ritorno. Attenzione a non stendere completamente il braccio indietro: arrivati al fianco, poco oltre l'altezza delle spalle, l'avambraccio risale, il pollice passa accanto alla testa quasi a sfiorare l'orecchio; la mano è tesa in avanti in linea con il braccio che si allunga e si distende, compiendo un'altra mezza circonferenza al di sopra della testa.

Posizione prona

Provate in acqua. Aggrappati al bordo vasca in posizione prona, braccia ben tese per mantenere la distanza dalla parete, testa fuori per controllare meglio il movimento. Mentre le gambe cominciano ad azionare il motore che deve sostenere il corpo disteso e continuano a battere a ritmo vivace e regolare, la mano destra si stacca dal bordo, si allinea con il braccio che comincia la sua discesa in giù, seguendo la linea delle spalle (né verso la pancia né verso l'esterno, la linea è segnata dalla nostra spalla). La mano a dita unite incontra la resistenza dell'acqua, la spinge verso il basso e indietro, facendo pressione sul palmo, ma senza piegarlo. Il palmo è il remo del braccio e forma con esso una linea retta, in caso contrario non riuscirebbe a opporre resistenza all'acqua. Il pollice arriva a sfiorare la coscia, la mano si alza diritta sopra la spalla, il pollice sfiora l'orecchio, la mano e il braccio si distendono avanti. Riunito il braccio destro all'altro braccio, cominciate lo stesso movimento con il braccio sinistro.

Questo movimento alternato delle braccia lo eseguirete più volte aggrappati al bordo vasca, provando anche a immergere la testa sott'acqua, espirando e riprendendo ossigeno, frontalmente, gli occhi sempre ben aperti, in modo da controllare anche l'esatta esecuzione sott'acqua del movimento. È prematuro adottare a questo punto anche la respirazione laterale: dovrete infatti perfezionare l'esercizio in vasca con l'ausilio della tavoletta. Spalle al bordo, braccia tese in avanti, mani appoggiate sulla tavola, spinta dei piedi contro la parete, scivolamento e posizione di galleggiamento: le gambe cominciano il loro movimento, tese, alternate. Una volta che hanno assicurato la loro propulsione, cominciate, con la testa fuori, staccando prima un braccio, poi l'altro e compiendo l'intero movimento alternato. Il braccio che sta fermo va tenuto ben teso, la mano sulla tavoletta, in attesa che l'altro braccio abbia terminato il suo giro completo: tra l'una e l'altra bracciata trascorre un breve intervallo. Per questo il movimento si dice « alternato ». Poiché è troppo faticoso tenere la testa eretta fuori dall'acqua (si irrigidiscono troppo i muscoli del collo e delle spalle) e rischiate di sbilanciarvi, immergete la testa dopo aver ossigenato i polmoni e immagazzinato tutta l'aria possibile, e soffiate l'aria sott'acqua. Tenete gli occhi aperti e riflettete bene, concentrandovi quando il braccio esegue la sua circonferenza, mezza sotto l'acqua, mezza fuori. Con il moto alternato delle gambe e delle braccia insieme, aumenterà la propulsione e sarà più breve l'attraversamento della vasca, se tutti i movimenti saranno correttamente eseguiti.

Attenzione, durante l'esecuzione del movimento delle braccia, può venire spontaneo, almeno le prime volte, interrompere senza accorgersene il moto delle gambe, probabilmente per effetto della deconcentrazione: non è facile coordinare i due movimenti, o si pensa all'uno e lo si esegue, o si pensa all'altro e si interrompe il precedente. È opportuno insistere affinché il movimento delle gambe sia continuo, vivace e regolare, per assicurare sostegno al corpo: bisogna accendere il motore e... dimenticarselo! Il movimento delle gambe deve diventare automatico, anche perché tra i due è senz'altro il più facile e istintivo.

Posizione supina

Passiamo alla posizione supina. Datevi una lieve spinta dalla parete della vasca: scivolamento e galleggiamento, battuta sostenuta delle gambe. Le braccia sono tese al di sopra della testa, le dita delle mani sono unite, e anch'esse tese, il palmo rivolto verso l'alto. Cominciate il movimento con il braccio destro: il palmo della mano ruota leggermente verso l'esterno, il braccio comincia la sua discesa verso il fianco, sempre teso, scorrendo poco al di sotto della superficie dell'acqua. In pratica la mano spinge l'acqua verso il basso: dovete sentire sul palmo – quasi fosse un remo – la pressione dell'acqua che va spinta senza mai piegare il gomito o il palmo della mano. Guai a piegare all'indietro, si rischia di dare solo manate all'acqua, schiaffi poco o per nulla propulsivi. Eseguite anche in questo caso una mezza circonferenza. Rispetto all'esercizio precedente, il braccio sta sempre sommerso; quando il palmo della mano si appoggia alla coscia, è tempo di cominciare il recupero o risalita all'esterno. Prima di far uscire la mano fatele compiere una rotazione: ruotate il palmo sino ad appoggiare il dorso della mano contro la coscia. Quando uscirà dall'acqua sarà rivolto all'esterno. Alzate il braccio teso, tenendolo sempre allineato alla spalla, portatelo rapidamente indietro al di sopra della testa e, dopo avergli fatto compiere un semicerchio, riunitelo all'altro braccio che sarà rimasto in attesa. Breve pausa e inizio del movimento con il braccio sinistro. Ricordate di battere le gambe e di tenere la testa allineata con il corpo per non rischiare di sbilanciarvi. Respirate regolarmente dal naso e dalla bocca.

Respirazione a nuoto alternato

A questo punto dovreste aver imparato il movimento del nuoto alternato, gambe e braccia, sia in posizione prona sia supina. Prima di passare alla didattica della respirazione, vi consiglio di insistere con molta pazienza su questi due « proto-stili », che rappresentano una buona introduzione allo stile libero e al dorso. Dal nuoto alternato alla nuotata completa si passa attraverso una nuotata coordinata di braccia e gambe, in cui la bracciata è continua, senza pause. Gradualmente, quando vi sentirete più sicuri, abbandonerete tavole o cuscinetti, e attraverserete la vasca a nuoto alternato: a pancia in giù, cercate di cominciare con una profonda inspirazione ed eseguite l'esercizio a testa sott'acqua, espirando lentamente tutta l'aria, possibilmente sino a raggiungere il bordo opposto. Va evitata assolutamente l'abitudine di completare la vasca camminando, semmai è ammessa una breve sosta per riprendere fiato; la piscina non è un luogo dove camminare. Mai camminare! Nuotare sempre! Spostarsi con braccia e gambe in posizione orizzontale, non verticale! Supini, eseguite l'esercizio respirando anche se la testa, poggiata sull'acqua, ha bocca e naso fuori. Semmai questo renderà più facile l'esecuzione.

Condizione prima per imparare la respirazione a bracciata alternata è l'acquisita capacità di inspirare e di espirare sott'acqua: se non effettuate ancora tale esercizio correttamente, incontrerete serie difficoltà. La cosa essenziale, che non si deve dare per scontata, è la ritmicità dell'intero ciclo respiratorio, il rapporto, la scansione tra la fase del prendere aria, di solito più breve e rapida, e la fase del soffiare, più lenta e metodica: non mi stancherò di ripetere che lo svuotamento, così come il riempimento dei polmoni, deve essere completo ed efficace. Se in entrambi i casi c'è aria residua, il risultato, come abbiamo visto, è un affanno che finisce per bloccare la respirazione e il rischio che, al posto dell'aria, possiate inghiottire acqua.

Esercizio preparatorio per la respirazione

Anche in questo caso potrete provare ad eseguire « a secco », in piedi, la bracciata alternata con inserimento del movimento laterale della testa per la respirazione. Vediamo l'esercizio in dettaglio. In piedi, flettete il busto in avanti, le braccia sono tese avanti, la mano a dita unite è allineata perfettamente al braccio, la testa è tra le braccia e le orecchie le sfiorano, la fronte è lievemente alzata, gli occhi guardano davanti. In acqua la fronte sta per metà emersa. La mano e il braccio destro cominciano la loro discesa verso il basso e in contemporanea la testa ruota sul proprio asse laterale sino a che il mento è parallelo alla spalla e quasi la sfiora. Attenzione, la testa gira solo di lato, non si alza la fronte; la spalla, dal lato della respirazione, asseconda questo movimento e la rotazione della testa con un leggero rollio, evitando di sbilanciare il corpo eccessivamente, col risultato di un affondamento in acqua dell'altra spalla e dell'altro braccio. Il braccio dopo una lieve spinta indietro comincia il recupero e il ritorno, e la testa, simultaneamente, sempre ruotando sul proprio asse, torna in posizione diritta. Quando la testa è girata di lato, vorrà dire che dall'acqua emergerà la bocca. Anzi questo movimento lo dovrete in un certo senso favorire, aprendo e torcendo il più possibile la bocca con una specie di smorfia laterale, per prendere più aria possibile e impedire che vi entri acqua. È il momento dell'inspirazione; quando la testa torna in posizione, appena sott'acqua espirate, vale a dire espellete tutto l'ossigeno, svuotate i polmoni. Raggiunto l'altro braccio, piccola pausa, al termine della quale il braccio sinistro comincerà la sua discesa, la sua circonduzione completa, senza respirazione (continuerà la fase più lenta dell'espirazione). La respirazione avviene di norma una bracciata sì e l'altra no; dovrete imparare a respirare regolarmente sia a destra sia a sinistra, ma sarete poi liberi di scegliere da quale parte eseguire preferibilmente la respirazione.

La posizione della testa in acqua è di fondamentale importanza, come ormai sapete bene, e determina l'assetto di galleggiamento e di equilibrio, in una parola, di acquaticità. Sbagliare la posizione significa sbilanciare il corpo, vanificare il rendimento della bracciata, compromettere la respirazione e la giusta riserva di ossigeno.

Esercizio in acqua con respirazione a nuoto alternato

Si effettua naturalmente in posizione prona. Schiena alla parete, un bel respiro, spinta dei piedi, scivolamento e galleggiamento. I piedi si mettono in moto vigorosamente, le braccia sono tese in avanti, la testa è sott'acqua. Le orecchie sono a contatto delle braccia, la bocca comincia a soffiare aria, il braccio destro comincia la sua discesa verso il basso, dopo pochi secondi, la testa comincia il suo movimento sull'asse laterale: la testa ruota, la fronte rimane nella medesima posizione, la superficie dell'acqua che sfiora le sopracciglia, gli occhi aperti in avanti. La bocca emerge, tutta a destra. Bisogna spingere e ruotare: avete mai visto le smorfie dei nuotatori professionisti? Quando la guancia poggia sulla superficie dell'acqua è il momento di inspirare tutta l'aria possibile. Facile capire quando si sbaglia: se la testa, anziché ruotare sul proprio asse, non soltanto si gira di lato ma si alza, sino a far emergere gli occhi e il naso, la bocca e il mento si abbassano di conseguenza, vale a dire restano... sott'acqua! Diventa così impossibile rifornirsi di aria (semmai il rischio è di inghiottire acqua).

Quando il braccio comincia la sua fase di ritorno, il pollice sfiorerà la testa che starà tornando nella posizione di partenza, diritta tra le spalle. Diritta, attenzione, non incassata, altrimenti il mento toccherà lo sterno, la fronte sarà completamente immersa sino alla radice dei capelli e la testa non potrà ruotare sul proprio asse, parallelo alla superficie dell'acqua. Soffiate l'aria, ricongiungete il braccio destro al sinistro; breve pausa, continuando a battere le gambe; successivamente, sempre tenendo la testa diritta e immersa, espirando, il braccio sinistro compirà la sua circonduzione (circonferenza) completa.

Attenzione: può capitare che anche la respirazione, lo sforzo di concentrazione che vi è implicato, determini un arresto nella battuta delle gambe, quantomeno un indebolimento. È come se le gambe, mentre la testa gira e si sposta, risentissero di un lieve sbilanciamento e rallentassero oppure si fermassero. Ma ormai dovreste sapere che, se non fate ribollire l'acqua, se non date propulsione al vostro motore, le gambe sprofonderebbero, la parte inferiore del vostro corpo vi trascinerebbe verso il basso, la bracciata si farebbe molto più faticosa, e lo stesso la respirazione.

Ho parlato della posizione della testa, sempre fondamentale, nel galleggiamento come nella respirazione. E le spalle? Quando la testa ruota di lato, come si devono tenere le spalle? Un leggero rollio, questo è il segreto per mantenere una posizione idrodinamica e non opporre troppa resistenza all'acqua. Ecco un altro degli errori più comuni durante la respirazione: non soltanto ci si sbilancia alzando la testa, invece di ruotarla, ma c'è il rischio di sbilanciare le spalle, alzando troppo quella che accompagna il movimento della testa e il recupero del braccio dalla parte della respirazione. Bisogna imparare a ruotare bene le braccia sull'articolazione della spalla, che deve essere il più possibile mobile, sciolta, elastica. Non è superfluo ripeterlo: se la spalla emergerà troppo fuori dall'acqua, accompagnando il braccio, l'altra spalla affonderà, il braccio che è in acqua « pescherà » troppo in profondità e tutto il corpo penderà paurosamente da una parte.

Può sembrare troppo arduo fare attenzione a tutti i particolari, alla coordinazione complessiva dei movimenti: gambe che battono in verticale, su e giù, braccia che ruotano, testa che si sposta di lato, spalle diritte, occhi aperti, inspirazione, espirazione. Troppe cose da ricordare, troppe sensazioni da tenere d'occhio? Può darsi che, arrivati a questo punto delicato ma determinante, abbiate un piccolo cedimento, una sorta di blocco, che vi renda incapaci di proseguire. Niente paura: con pazienza, varrà la pena di fermarsi a lungo sulla pratica e l'esercizio della respirazione, approfittando per ripassare tutto quanto avete acquisito sino a questo momento, ripetendo specialmente gli esercizi di preparazione a nuoto alternato senza respirazione e alternandoli a vasche con respirazione. Alla fine arriverete a compiere ogni movimento senza « pensarci su » troppo a lungo, come avviene nella prima fase di apprendimento: **la vostra nuotata deve arrivare a essere « inconsapevolmente » automatica**. È questo il piccolo segreto del nuoto: la naturalezza, la spontaneità, l'assenza di sforzo. Non scoraggiatevi. Succederà infallibilmente.

Nuotata completa con coordinamento di braccia e di gambe

Soltanto dopo aver perfezionato le abilità acquisite nella corretta esecuzione del nuoto alternato, potrete passare alla fase successiva. Il coordinamento di braccia e di gambe nella nuotata completa si ottiene eliminando la pausa tra una bracciata e l'altra e diminuendo progressivamente l'intervallo fra le due bracciate, che dovranno diventare consecutive.

Provate il movimento proni, a stile libero, inizialmente senza respirare. Allungatevi in posizione di scivolamento, braccia tese avanti. La testa è sott'acqua, allineata con il corpo; siete in fase di espirazione lenta. Il braccio destro comincia a scivolare verso il basso e poi indietro; quando è in posizione di recupero all'esterno, il sinistro scende verso il basso e bilancia la posizione del corpo. In pratica le braccia devono muoversi in opposizione: quando la mano del braccio destro si infila in acqua, il braccio sinistro sta cominciando la sua fase di recupero. L'importante è che la rotazione simmetrica, ma opposta, delle braccia avvenga sulla linea delle spalle che devono rollare appena sulla superficie dell'acqua. Anche quando andate a inserire la respirazione, ricordate che si sposta soprattutto la testa ruotando di lato. Mantenete sempre quanto più potete, nella nuotata completa, la posizione idrodinamica di galleggiamento.

È ancora più facile nel dorso, in posizione supina. Mentre un braccio inizia la sua discesa verso il basso, appena sotto la superficie dell'acqua, l'altro braccio ha cominciato la fase di recupero esterno. Le gambe, sia a stile libero che a dorso, si muovono con ritmicità costante: qualcuno sostiene che per ogni bracciata, per un ciclo completo, le gambe dovrebbero battere sei colpi. Ma direi che è inutile complicare la didattica con conteggi che rischiano di deconcentrarvi sull'esecuzione completa e corretta del movimento, introducendo una meccanicità un po' artificiale. Ognuno deve imparare da solo a percepire il giusto grado di propulsione delle gambe, per non affondare con la parte posteriore del corpo. Il resto avverrà automaticamente.

Analizzeremo più avanti la scansione dettagliata dei movimenti nella nuotata a stile libero e a dorso. Insisto qui invece sul fatto che i movimenti coordinati di braccia e di gambe devono avvenire in maniera il più possibile fluida e costante. Si devono evitare sempre scatti e oscillazioni eccessive. Il corpo si abituerà a tenere una posizione allungata e idrodinamica, che opponga all'acqua la minor resistenza possibile. Se il ritmo di battuta delle gambe è uniforme, la bracciata regolare, la propulsione sarà costante e scorrevole.

Attenzione al recupero del braccio nella nuotata a stile libero: il movimento deve essere rilassato e controllato, non troppo veloce, sia pure leggermente più veloce della trazione sott'acqua, e neppure a scatti dal momento che si sbilancerebbe il movimento dell'altro braccio. Il braccio all'esterno non dovrebbe compiere un movimento eccessivamente largo e teso: il gomito esce per primo dall'acqua e compie una rotazione in alto e in avanti, trascinandosi dietro la mano. Le spalle non devono rollare eccessivamente. Nel movimento delle gambe, la flessione del piede all'indietro è anch'essa naturale, non forzata, la punta del piede leggermente all'interno, senza che vi dobbiate sforzare. Nella nuotata a dorso il recupero esterno a braccia tese è più veloce, il movimento più semplice.

Per una nuotata efficace, redditizia, quanto fluida, morbida e rilassata, la testa non pensa a scomporre ogni singolo movimento. Non è la coscienza, rigida e concentrata, a guidarvi, lo ripeto: con l'esercizio, con un'accresciuta sicurezza e padronanza della tecnica, acquisirete anche naturalezza e ritmicità.

Esercizi di autosufficienza in acqua alta

Il possesso dei primi rudimenti della nuotata completa a stile libero e a dorso segna la conclusione di una prima fase di didattica elementare per principianti, ma non significa una totale autonomia e sicurezza in acqua, soprattutto quando si tratti di passare nella vasca dove la profondità aumenta sino a che non « si tocca » più il fondo, stando in piedi.

Per affrontare l'impatto con l'acqua alta, bisogna esser certi di stare a galla, da fermi, imparando gli esercizi di galleggiamento in totale naturalezza.

Braccia e gambe possono avere in acqua una funzione di stabilizzazione quando ci si trovi in posizione verticale e si debba mantenere una stazione eretta, a testa fuori dall'acqua, respirando naturalmente. Scomponiamo i due movimenti. Le braccia sono avanti, non tese e rigide, ma leggermente piegate, mani vicine, dita unite, palme rivolte verso il basso e un poco in fuori, al di sotto della superficie, diciamo all'altezza del busto. Il movimento avviene lungo un asse parallelo alle spalle e alla superficie dell'acqua, aprendo e chiudendo le braccia. Nella fase di apertura verso l'esterno i polsi ruotano e le mani si inclinano, con il mignolo verso l'alto e il pollice in basso, a perpendicolo rispetto all'acqua. L'acqua viene spinta di lato. Quando le braccia hanno superato la linea del corpo, comincia la fase di chiusura: i polsi ruotano, le mani si inclinano con il pollice verso l'alto e il mignolo verso il basso, le braccia si chiudono, spingendo l'acqua all'interno, un palmo verso l'altro fin quasi a congiungerli. I gomiti rimangono, in apertura e in chiusura, vicini al corpo. E così via di seguito, alternando dolcemente rapidi movimenti di apertura e di chiusura, senza alzare o abbassare braccia e spalle, ma come accarezzando un piano che sta al di sotto della superficie. Le gambe si muovono con un movimento che è simile a quello compiuto in bicicletta: leggermente piegate, divaricate, alternate fra loro, una gamba « scalcia » per così dire verso l'esterno e verso il basso, compiendo una sorta di semicerchio, con il piede piegato a martello per spingere l'acqua. L'altra gamba è in fase di recupero, con il tallone vicino ai glutei, dal basso verso l'alto, con il piede disteso per non opporre resistenza. Il movimento ricorda vagamente la gambata a rana, solo che le gambe non scalciano in simultanea, ma una dopo l'altra e in verticale anziché in orizzontale.

I movimenti delle braccia e delle gambe si combinano tra loro in maniera tale da mantenere eretta la posizione del corpo, con la testa fuori. Nessuna propulsione dunque, ma un equilibrio da fermi, senza scatti anche in questo caso, ma con scioltezza e coordinamento fluidi.

Tale movimento combinato assicura un'autosufficienza in acqua in posizione verticale, senza fatica, tale da permettere di guardare intorno a sé, parlare, stare fermi, in posizione di riposo e di regolare respirazione. Ognuno potrà poi, con lievi varianti delle gambe e delle braccia, mettere a punto altri esercizi di galleggiamento in verticale, una volta che avrà imparato come spostare l'acqua e poggiare su essa, fare presa per sostenersi. I movimenti diventeranno allora sempre più impercettibili e lievi: una confidenza totale con l'acqua vuol dire anche assecondare il naturale galleggiamento di un corpo, in assenza di peso, senza l'aiuto di attrezzi di alcun genere, limitando al massimo la fatica e lo sforzo. In acqua di mare, sostenuti ancora meglio dalla concentrazione salina, sarà un gioco da nulla a qualunque profondità.

A questo punto siete pronti a passare in vasca grande, nell'acqua alta, e tale traguardo segnerà un momento importante, che darà entusiasmo e maggiore sicurezza nelle proprie capacità. In vasca grande si ripeteranno tutti gli esercizi precedenti, i movimenti scorporati di gambe e braccia, anche con l'ausilio di tavolette, e si procederà alla didattica dei quattro stili fondamentali: stile libero o crawl, dorso o crawl sul dorso, rana e delfino. Vi abituerete gradatamente a percorrere distanze più lunghe, perfezionando la vostra resistenza, allenandovi a compiere la traversata della vasca e successivamente più vasche con più brevi fasi di riposo.

3

IL NUOTO PER I PIÙ ESPERTI (IN ACQUA ALTA)

I quattro stili fondamentali

A questo punto dovreste aver acquisito ormai una certa sicurezza e autosufficienza in acqua; dovreste aver perfezionato una tecnica, sia pure ancora rudimentale e imperfetta, di locomozione che vi permette di compiere discreti tragitti, con un minimo di resistenza se sapete anche eseguire la respirazione in maniera corretta. È arrivato il momento di imparare seriamente le tecniche stilistiche, vale a dire di perfezionare la nuotata. Lo stile è cosa ben diversa rispetto a un generico modo di galleggiare e di avanzare, compiendo i movimenti fondamentali con una certa rigidità e approssimazione. Lo stile è una nuotata completa, armoniosa, razionale, pulita, senza sbavature e che è in grado di ridurre al minimo o, meglio, di eliminare del tutto persino il minimo effetto frenante. Lo stile è una nuotata che si ottiene con un lavoro sistematico di messa a punto di movimenti specifici, di una sequenza regolare e ritmata e di correzione paziente di ogni singolo difetto. Certamente è una nuotata che permette una maggiore resistenza, la percorrenza di lunghe distanze, persino il piacere di un'andatura rilassata e soddisfacente.

Gli stili oggi praticati, come già si è accennato, sono

quattro: **stile libero** (crawl), **dorso** (crawl sul dorso), **rana**, **delfino**. Vedremo di affrontarli in quest'ordine, evitando descrizioni complesse, controproducenti e fuorvianti per chi deve affrontare la didattica per la prima volta e non da professionista. Ci aiuteremo con alcuni disegni di facile e chiara comprensione, che vi permetteranno di vedere di lato e di fronte la sequenza del movimento gambe/braccia/respirazione. Insisteremo sugli errori e i difetti più comuni, affinché sia possibile correggerli prima che diventino vizi e abitudini permanenti. Oltre tale traguardo non è il caso di spingerci: la tappa successiva sarebbe, infatti, il nuoto agonistico, che qui non trattiamo se non superficialmente. Non mancheranno suggerimenti e un'utile bibliografia per chi volesse approfondire l'argomento.

Siete pronti per questa nuova avventura? Se sarete coraggiosi e tenaci, sarete ripagati, credetemi, della vostra pazienza, della vostra applicazione. Nuotare *bene* è facile come bere un bicchiere d'acqua (passatemi il paragone poco felice, ma attenzione! di bevute, in acqua, non dovrete proprio farne più).

Lo stile libero (o crawl)

Lo stile libero o crawl è lo stile più praticato dai nuotatori e anche il più veloce ed efficace. Alcuni principi-base della sua tecnica trovano applicazione in altri stili, per esempio nel dorso e nel delfino, con lievi varianti.

Vediamo di scomporne le fasi. Esse sono:

1. Il movimento circolare delle braccia, che assicura la propulsione anteriore.
2. La rotazione della testa e la respirazione in fase di inspirazione.

3. La posizione di galleggiamento e di corretto allungamento del corpo in fase di espirazione.
4. Il calcio delle gambe che assicura l'allineamento del corpo e la propulsione posteriore.

A sua volta il movimento delle braccia si può scomporre in cinque fasi: entrata della mano nell'acqua ed estensione del braccio in avanti sott'acqua, flessione del gomito (presa in profondità e trazione anteriore), allungamento del braccio indietro (spinta posteriore), uscita e rotazione esterna del braccio (circonduzione), recupero ed estensione.

Ogni movimento deve essere eseguito con una certa fluidità e senza interruzioni. Capiterà senz'altro che durante lo stadio di apprendimento « pensiate » a ciascun movimento con un'attenzione vigile e cosciente. Inizialmente la vostra mente scomporrà, analizzerà, controllerà la sequenza, facendovi compiere tutte le fasi lentamente, rigidamente. A poco a poco, provando e riprovando, il movimento viene appreso, perfezionato, e diventa automatico. Non dovrete più « pensare » e concentrarvi su ogni particolare: tutto succederà senza che ve ne rendiate conto, ritmicamente. Diminuirà la tensione mente/corpo e vi sentirete avanzare senza ostacoli, dolcemente.

Vediamo in concreto la scansione dei vari movimenti.

1. La mano destra entra in acqua dolcemente all'altezza delle spalle: le dita sono unite, il palmo è rivolto verso il basso. L'altro braccio nel frattempo è immerso e ha eseguito metà del movimento sott'acqua (presa e trazione). L'aria viene emessa dalla bocca e dal naso, la testa è sott'acqua: la prima fase dell'espirazione dovrebbe avvenire più lentamente.

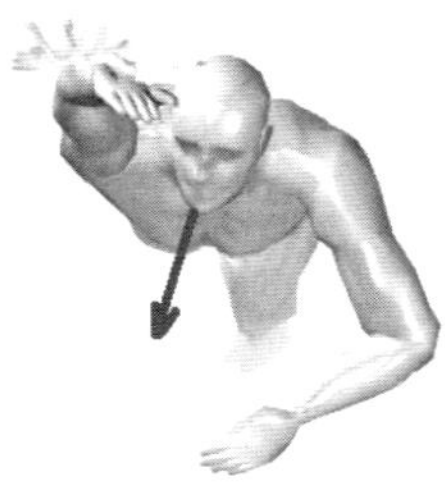

2. La mano destra pesca in profondità, il braccio è teso in avanti e spinge l'acqua con potenza; l'altro braccio comincia la spinta posteriore all'indietro.

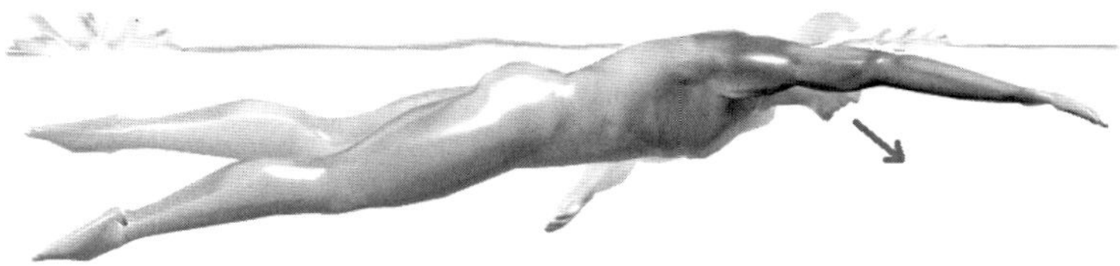

3. Bocca e naso continuano a soffiare contemporaneamente, il braccio destro continua la sua discesa verso il basso. Il braccio sinistro ha quasi ultimato la sua spinta posteriore; entrambe le mani afferrano l'acqua con forza e la spingono indietro.

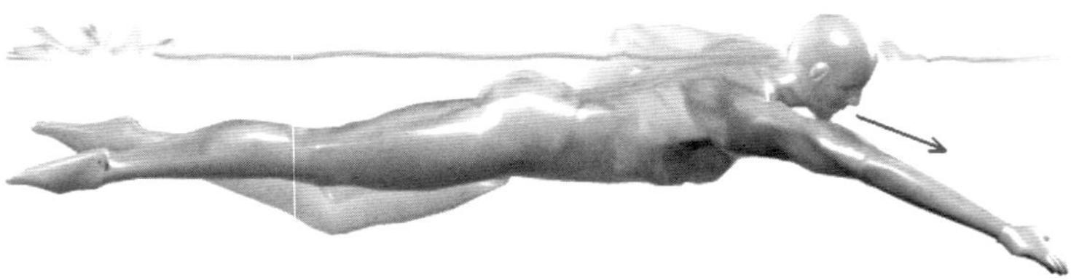

4. Il braccio sinistro termina la spinta all'indietro, la mano destra spinge in basso, il gomito comincia a piegarsi.

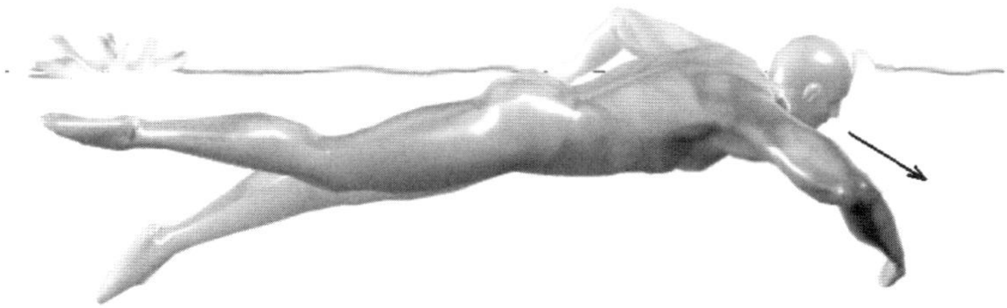

5. In questa fase entrambi i gomiti sono piegati e alti: il destro in immersione asseconda la spinta, il sinistro emerge accompagnando il recupero esterno del braccio.

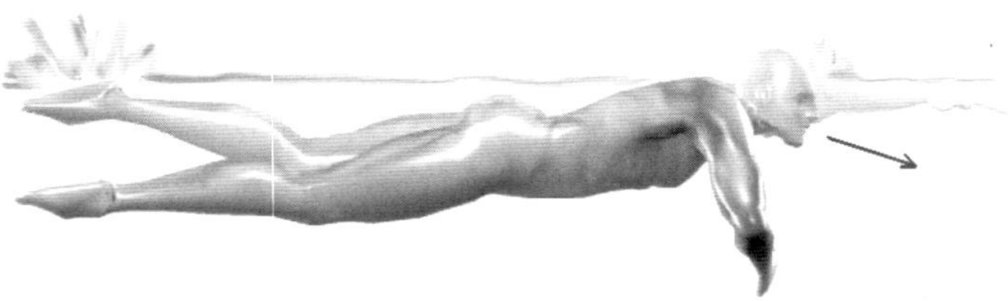

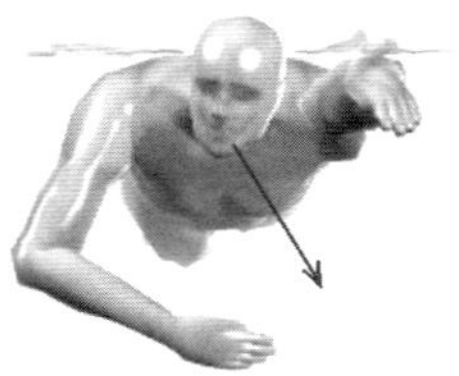

6. La mano destra ha completato la prima metà del movimento in profondità e la testa comincia a ruotare sul proprio asse. La fase finale di espirazione si fa più rapida.

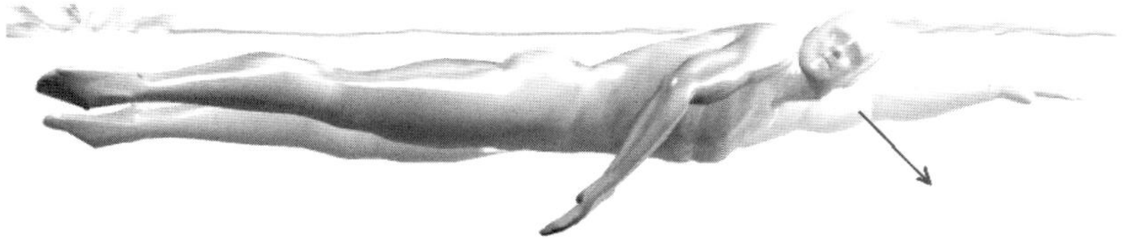

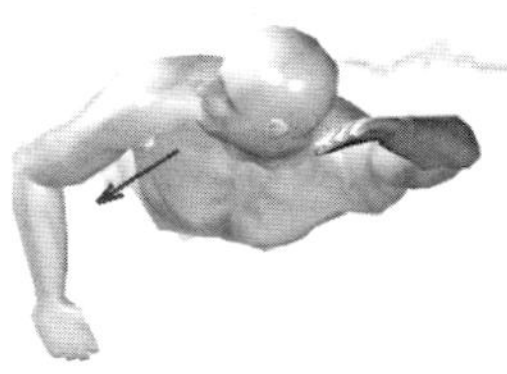

7. Spinta indietro del braccio destro; è la fase propulsiva di maggior potenza: avambraccio e mano fanno forza sull'acqua come un remo. La testa ruota lateralmente, la bocca si torce e fuoriesce dall'acqua per inspirare ossigeno nell'incavo dell'onda che si va a formare intorno alla testa del nuotatore per effetto della propulsione.

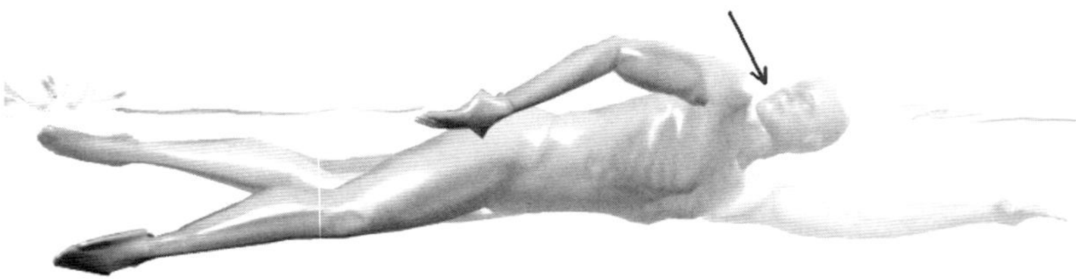

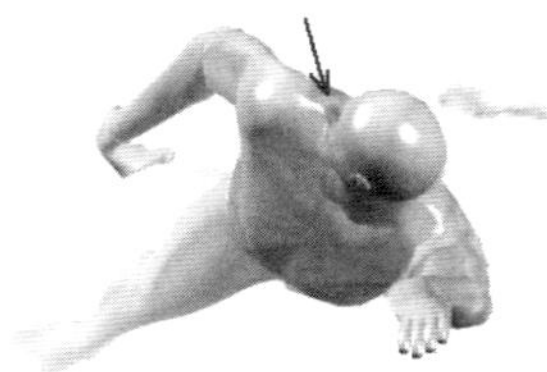

8. La mano e il braccio destro affiorano dall'acqua, rilassati, e intanto termina il calcio verso il basso della gamba destra.

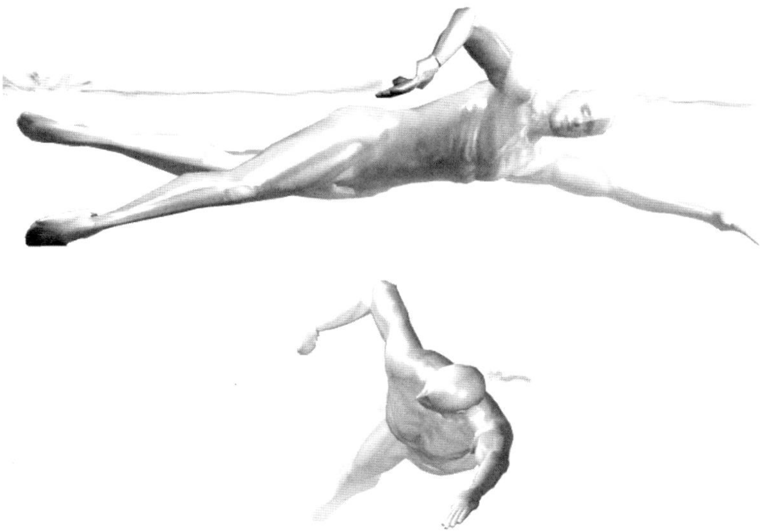

9. Il braccio destro compie il suo movimento di circonduzione, ruotando sulla spalla e portandosi avanti. La testa torna in posizione (gli occhi sono aperti e guardano avanti), assecondando il movimento del braccio destro che si estende avanti in recupero. Comincia la fase di espirazione lenta; il braccio sinistro compie il suo movimento di presa in immersione.

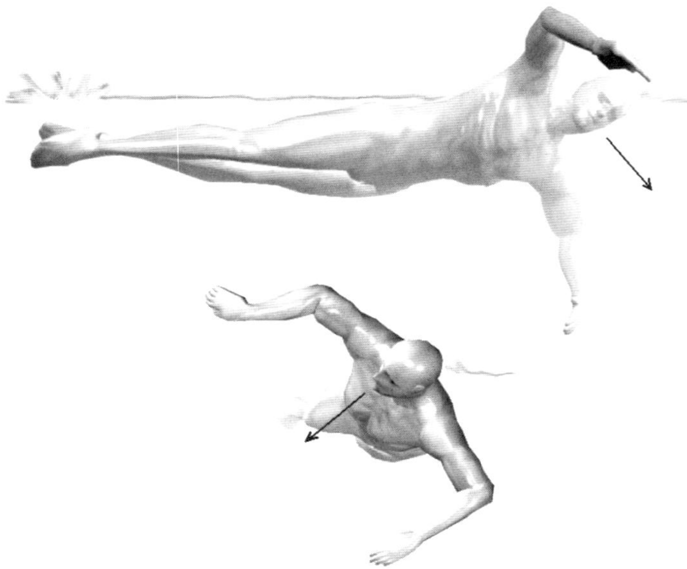

Nella corretta nuotata a stile libero, ma anche in tutti gli altri stili, la rotazione della spalla assume un'importanza basilare, rappresenta il punto nodale e più delicato, forse: la spalla compie una rotazione circolare sul proprio asse, in alto e in basso. Più il movimento della spalla è sciolto, articolato, senza sforzo, meglio asseconda il movimento della bracciata, l'alternanza ritmica di tensione e di rilassamento. Un movimento scorretto della spalla si dovrebbe percepire da una fastidiosa sensazione di dolore e di contrazione, che si manifesta subito oppure « salta fuori » al termine della nuotata.

La posizione del corpo in acqua è altrettanto importante: idrodinamico è un corpo allungato e perfettamente allineato sulla superficie, la linea dell'acqua si colloca idealmente tra le sopracciglia e l'attaccatura dei capelli, lo sguardo è rivolto in avanti, i piedi battono a circa 8-15 centimetri di profondità, l'oscillazione del calcio fra 15 e 20 centimetri. Una posizione corretta elimina o riduce la resistenza dell'acqua. La bracciata alterna un movimento di trazione e di potenza, di contrazione muscolare al di sotto della superficie, a un movimento lievemente più lento di recupero esterno pulito, dolce, rilassato, quasi una fase di relativo riposo, in scioltezza. La calciata delle gambe non deve essere troppo larga: meglio un calcio breve e rapido di una battuta troppo allargata. Una battuta di gambe corretta assicura ritmo e stabilità nell'assetto del corpo.

La respirazione deve essere il più naturale possibile: profonda, ritmata. Mai affannarsi nel soffiare quanto nell'inspirare: vi trovereste con residui di ossigeno o, peggio, senz'aria, con la conseguenza di una crescente paura e di una scomposta accelerazione dei movimenti. Potete respirare ogni due bracciate, sempre dallo stesso lato, il vostro preferito, quello più congeniale, quello in definitiva che vi permette il movimento più naturale e corretto. Tuttavia provate almeno una volta la respirazione cosiddetta « bilaterale » o alternata, cioè ogni tre bracciate, da entrambi i lati. Questa vi permetterà di evitare difetti di forma, che potrebbero accentuarsi respirando sempre e solo da un lato. Per alcuni, inoltre, ciò favorirà un dosaggio della riserva di ossigeno, una respirazione meno affannosa.

È importante all'inizio concentrarsi sui vari movimenti da tenere presenti: vi consiglio di pensare soprattutto alla corretta posizione della testa e al motore sostenuto dei piedi, visto che testa e piedi assicurano un assetto stabile. Percepirete un buon equilibrio se il vostro torace è ben sostenuto, non crolla in avanti o, peggio, si sente trascinare verso il basso all'indietro; insomma fronteggia l'acqua. « Visualizzare » la scansione della nuotata è utile: abituatevi a osservare i nuotatori dal vivo, quando vi è possibile, in piscina o al mare, o in filmati televisivi. Fate anche in modo che qualcuno vi osservi, analizzi la vostra nuotata e possa suggerirvi eventuali difetti: dall'esterno anche un dilettante si accorge che « qualcosa non va »; è più facile vedere gli errori sugli altri che percepirli su se stessi. Eliminare o ridurre i movimenti scorretti, superflui, significa eliminare o ridurre lo sforzo, la fatica, e aumentare di converso la potenza, il rendimento, la propulsione.

Il dorso (o crawl sul dorso)

È una nuotata più lenta rispetto allo stile libero e oggi, con l'affinamento della tecnica, redditizia quasi quanto il delfino. È l'unico stile, rispetto agli altri tre, che si nuota supini e questo lo rende per certi aspetti più naturale e gradevole: la testa fuori, sdraiati, si può agevolmente respirare e guardarsi intorno. I movimenti coincidono per gran parte con quelli dello stile libero, soltanto in una prospettiva... rovesciata.

Nella bracciata si distinguono quattro fasi:

1. Entrata.
2. Flessione del gomito.
3. Spinta.
4. Recupero (manca, rispetto allo stile libero, il piegamento del gomito all'esterno, nella fase di recupero).

Vediamo la scansione in dettaglio.

1. L'entrata del braccio sinistro avviene in alto sopra la testa, all'indietro, in coincidenza della spalla. Il mignolo entra in acqua per primo, il palmo della mano è rivolto all'esterno. In contemporanea il braccio destro ha terminato la sua fase di trazione e comincia il recupero verso l'alto. Nel dorso le braccia sono sempre in perfetta opposizione.

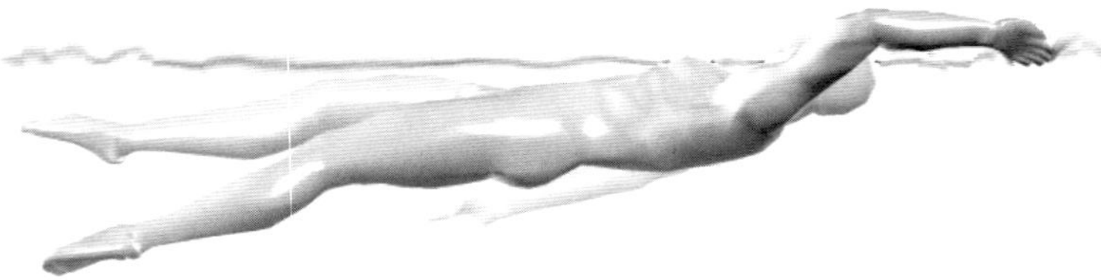

2. Il braccio sinistro muove verso il basso, affondando, ancora teso. Intanto la mano destra si muove verso l'alto insieme al piede sinistro che calcia, perfettamente coordinato.

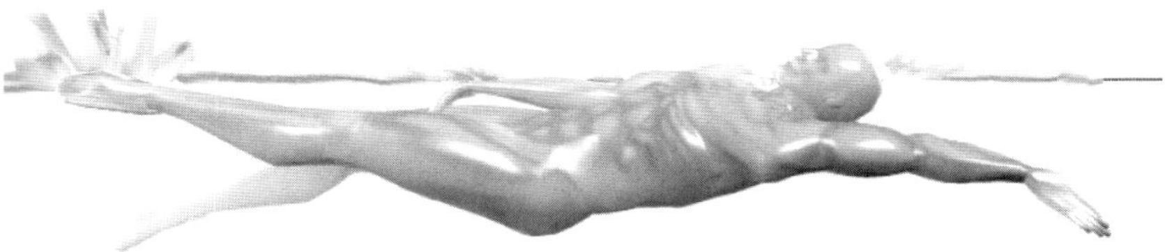

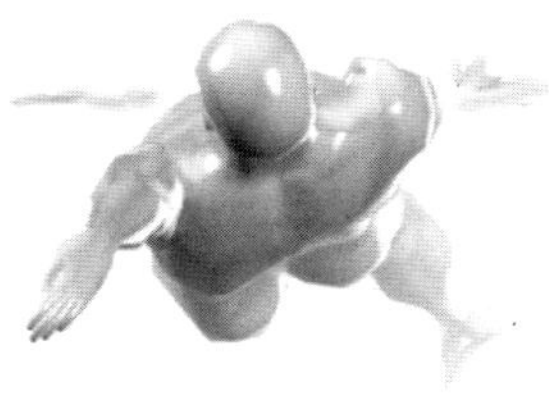

3. Il gomito sinistro comincia a piegarsi, il braccio è in trazione in basso e di lato, il destro affiora quasi in superficie con la mano flessa, il polso piegato. La gamba destra è arrivata al fondo del suo movimento verso il basso e si prepara a scalciare verso l'alto, flettendo lievemente all'interno la punta del piede.

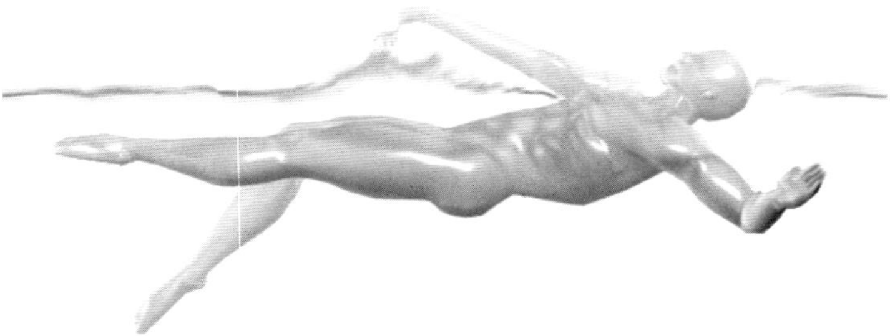

4. La mano sinistra passa vicina alla spalla, il gomito è in massima flessione a 90°. La mano del braccio destro in recupero comincia a ruotare il palmo verso l'esterno, facilitando e rendendo più rapido e fluido il movimento all'indietro. La gamba destra comincia il calcio verso l'alto, con angolazione diagonale.

5. Il palmo della mano sinistra, vicino al corpo, è pronto a cominciare la spinta verso il basso. L'altro braccio in recupero prosegue il movimento disteso verticale. La mano destra è ora completamente rivolta col palmo verso l'esterno.

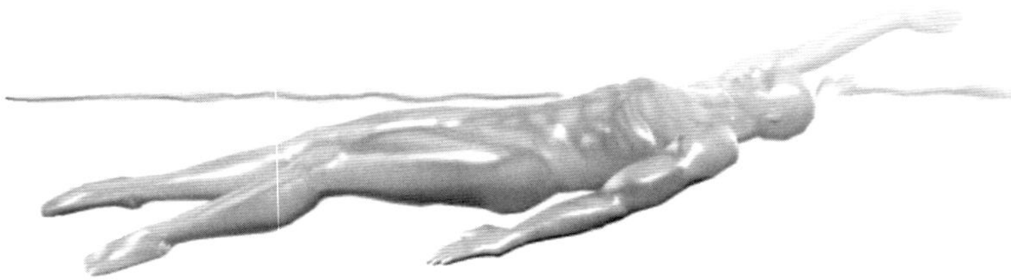

6. La mano destra entra in acqua con il mignolo, il palmo rivolto all'esterno, la mano sinistra comincia il movimento di recupero verso l'alto.

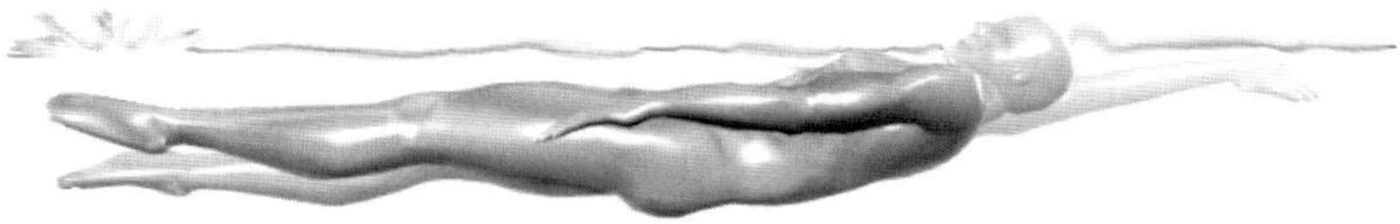

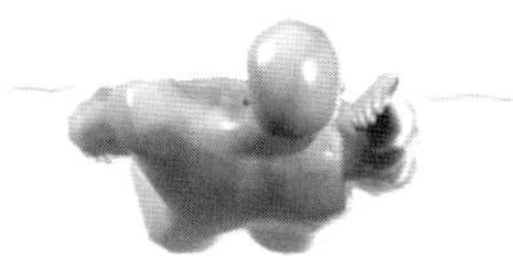

7. La spalla sinistra emerge lievemente dall'acqua anticipando il recupero del braccio sinistro. La mano destra s'immerge in acqua pronta a cominciare la presa e trazione, il gomito è ancora teso. La gamba sinistra esegue un movimento in diagonale verso il basso. Il movimento dell'altra gamba (destra) verso l'alto coincide con l'innalzamento del braccio (sinistro) fuori dell'acqua.

8. Il braccio destro spinge avanti e di lato, il gomito si flette. La mano destra, all'altezza della spalla, spinge all'indietro. La spalla sinistra si alza sopra la superficie dell'acqua (è uno dei momenti di massimo rollio del corpo), accompagnando il recupero alto del braccio.

9. La gamba sinistra, calciando in diagonale verso l'alto, riequilibra la posizione di rollio tipica del dorso. Il braccio destro termina la trazione, la mano sinistra ha quasi ultimato il recupero, il mignolo si spinge indietro.

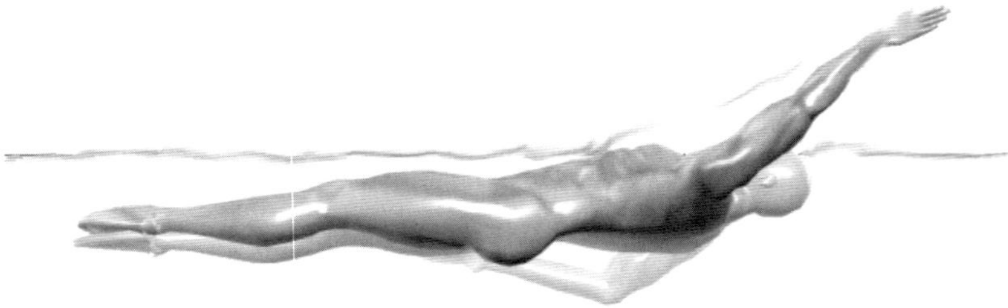

Durante queste fasi di nuotata completa, la respirazione deve mantenere un suo ritmo regolare di inspirazione e di espirazione, anche se bocca e naso si trovano fuori dall'acqua. Attenzione, durante la fase di recupero del braccio all'esterno, gocce d'acqua cadranno sul viso: soffiate aria per evitare di bere a bocca aperta.

La rotazione della spalla nel dorso riveste la medesima importanza che ha nello stile libero, con la differenza che il movimento è rovesciato all'indietro.

Evitate di « sedervi » sull'acqua, piegando il corpo a metà: mantenete la posizione allungata, idrodinamica, che oppone scarsa resistenza. Assicuratevi il solito motore delle gambe nella parte posteriore, non alzate la testa, non irrigidite il collo. La linea dell'acqua nella posizione del dorso taglia esattamente a metà la vostra testa.

Il calcio è, come nello stile libero, breve e veloce, non troppo profondo; il piede non emerge mai all'esterno.

Tenete costantemente il controllo della direzione in cui vi muovete: sebbene i vostri occhi siano più facilmente aperti non possono guardare all'indietro e correte il rischio di andare a sbattere contro il bordo della piscina o, se siete in mare aperto, contro qualche ostacolo o qualche bagnante, che inevitabilmente non gradirà lo scontro.

La rana

La nuotata a rana è generalmente considerata come la più istintiva e antica, primordiale. E forse è proprio così finché serve come semplice mezzo di galleggiamento, ma se si vuole anche avanzare, i movimenti naturali non bastano più e diviene necessaria una tecnica, vale a dire quel tanto di artificioso senza il quale non c'è né stile né vera nuotata.

In teoria la rana non è altro che una serie di « scivolate » sull'acqua, intercalate da movimenti di gambe e di braccia. Apparentemente è lo stile di più facile esecuzione. Tuttavia è anche il meno veloce e redditizio per l'azione « a scatti » che la caratterizza, a differenza dello stile libero dove l'azione è continua e senza interruzioni. L'abilità del ranista consiste nel ridurre al massimo lo svantaggio di tali interruzioni e nell'eseguire i movimenti con una cadenza regolare, senza scompensi.

Contrariamente agli altri stili, inoltre, nella rana le braccia del nuotatore dovrebbero rimanere sempre al di sotto del livello dell'acqua. Ho detto « dovrebbero » perché in recenti competizioni agonistiche si sono visti atleti che praticano una bracciata ultra-moderna, con una parte di recupero esterno velocissimo che assomiglia a una bracciata a farfalla ridotta, con la fase finale di spinta in acqua a mani unite. È chiaro che tale espediente, vorrei aggiungere tale astuzia, serve a compensare, quanto meno a correggere, l'attrito e la resistenza opposta dall'acqua alla bracciata sommersa in recupero.

Infine, mentre nello stile libero e nel dorso l'azione del nuotatore è asimmetrica, vale a dire interessa alternativamente prima un lato del corpo e poi l'altro, nella rana e nel delfino, che della rana è diretto discendente, l'azione è perfettamente simmetrica, dal momento che interessa contemporaneamente entrambi i lati del corpo.

Gli svantaggi, dunque, sono tutti a detrimento della velocità, la quale, nonostante gli accorgimenti tecnici e i progressi pur conseguiti negli ultimi anni, rimane veramente limitata. Ed è forse per questo che la rana si colloca all'ultimo posto nella graduatoria delle preferenze degli sportivi. Svantaggi, ma anche vantaggi notevoli per chi non vuole fare troppa fatica nuotando, come accade per esempio con il delfino. Vediamoli:

– Tronco e arti sono sempre sott'acqua; in nessuna fase della nuotata, infatti, essi emergono e quindi vi è maggior margine di galleggiabilità.

– Il viso è rivolto nella direzione del nuoto e gli occhi sono quasi sempre fuor d'acqua. Il viso è immerso a tratti sino al mento, a tratti sino al naso, raramente sino all'attaccatura dei capelli, quando si voglia accentuare la spinta in avanti. Questo rende anche la respirazione anteriore più facile.
– Il movimento degli arti, come abbiamo visto, è simmetrico e quindi altamente correttivo di difetti (o paramorfismi) scheletrici. Inoltre, nella nuotata comune, vi è un periodo di riposo tra un colpo di gambe e il successivo, riposo che si può anche rendere più lungo, all'occorrenza. Ciò permette un certo risparmio di energia consentendo lunghi percorsi senza difficoltà. Ai fini dell'avanzamento in acqua, mentre nello stile libero è preponderante il movimento delle braccia, nella rana il movimento propulsivo più consistente è quello delle gambe.

Una rana eseguita bene dà grande beneficio al fisico: allarga il torace, snellisce, potenzia i muscoli delle gambe (cosce e polpacci), favorisce l'articolazione del ginocchio e l'articolazione tibio-tarsica. Nella nuotata a rana più il piede è sciolto, minore è l'apertura di gambe e maggiore il rendimento della gambata. Quindi, se caratteristica tipica del buon crawlista è un piede che ruoti appena internamente, è proprio del ranista un piede che ruota e flette all'esterno. Ricordo un allenatore che faceva eseguire un esercizio ottimo per i ranisti: seduti, afferrate un piede alla volta con una mano, fatelo ruotare allargando il più possibile il raggio d'azione, sciogliendo così l'articolazione della caviglia.

La rana è l'unico stile che si può imparare in gran parte all'asciutto, « a secco ». È anzi consigliato provare il movimento delle gambe, in particolare, seduti su una panca o, meglio, sul bordo della piscina, con le gambe stese avanti. Il bordo della panca o della vasca tocca l'incavo interno del ginocchio, le mani sono poggiate a terra, dietro la persona, lateralmente. Volendo, si può provare la calciata anche sdraiati su una panca a pancia in giù, purché le gambe, dall'altezza di metà coscia, rimangano sospese nel vuoto.

Procediamo dunque con il seguente esercizio preparatorio:

1. Senza mai alzare la coscia da terra, piegate le ginocchia, allargandole moderatamente e distanziate i piedi di circa 20-30 centimetri, in modo che la gamba risulti ad angolo retto con la coscia.

2. Flettete i piedi ad angolo retto rispetto alla gamba (piede a martello) e ruotateli con le punte rivolte verso l'esterno.

3. Distendete energicamente le gambe senza allargare ulteriormente i piedi e quindi riunitele. La spinta, quando si stanno per riunire le gambe, viene data principalmente dalla parte interna della gamba e del piede, ecco perché è importante curare bene la rotazione all'esterno di quest'ultimo.

Per imparare il movimento in acqua bassa sarebbe bene partire dalla posizione « a coccodrillo », cioè mani appoggiate sul fondo, braccia distese, corpo allungato in galleggiamento. Cominciate lentamente il piegamento delle gambe e la rotazione dei piedi verso l'esterno, quindi distendete energicamente le gambe e riunitele. Se il movimento è stato eseguito correttamente, il corpo riceverà una forte spinta in avanti, ciò vi obbligherà a spostare le mani poggiate sul fondo: in questo modo percepirete l'effettiva azione propulsiva delle gambe. Passerete poi a eseguire lo stesso esercizio in acqua alta, partendo dallo scivolo, e all'inizio, scomponendo ancora i movimenti di gambe e braccia, proverete il solo colpo di gambe tenendo appoggiate braccia e mani su una tavoletta. È bene, dopo ogni colpo di gambe, attendere qualche secondo in scivolata, a piedi riuniti, prima di cominciare la seconda sforbiciata; in tal modo verrà sfruttata appieno la spinta delle gambe che sosteranno un attimo, tese, senza opporre ostacoli allo scivolamento nell'acqua (frattanto riposerete per alcuni istanti). Evitate di calciare a scatti, freneticamente, senza pause di allungamento, per il timore magari di affondare: vi stanchereste soltanto, perdendo il ritmo della respirazione. Mentre vi concentrate sul solo movimento delle gambe potete tenere la testa costantemente fuori, se questo inizialmente può favorire la vostra concentrazione sul calcio. Inoltre, quando ancora non avrete affinato la tecnica della nuotata a rana, tenderete a far emergere le gambe in superficie; in tal modo, tenendo il capo eretto potrete ripristinare l'assetto corretto, evitando che i talloni fuoriescano dall'acqua. In caso contrario, se l'azione delle gambe si esercita a un livello troppo profondo, meglio non tenere il busto eretto, ma distendetevi, ricordando sempre che è la posizione del capo-timone che, quanto più si abbassa, fa automaticamente elevare il bacino. Curate di dare al vostro calcio la giusta dose di potenza per avanzare, spingendo anche con i piedi a martello.

Per alcuni di voi questo movimento di gambe risulterà abbastanza istintivo. In genere difficoltà e difetti maggiori si rilevano nella bracciata. Attenzione però a non allargare eccessivamente l'apertura delle ginocchia e la spinta in fuori dei piedi.

Per alcuni risulterà difficile la coordinazione piede a martello (nel calcio) – piede flesso (nel recupero). Perciò eseguiamo un esercizio pratico, ancora « a secco », che serve a correggere quest'ultima tendenza.

In posizione eretta, a piedi uniti, appoggiate le mani a una parete. Provate a eseguire il seguente movimento:

1. Sollevate e allargate la gamba sinistra piegandola in modo che il piede con la punta ben distesa venga a trovarsi a livello del ginocchio dell'altra gamba.

2. Girate il piede con la punta rivolta all'esterno (a martello) e verso l'alto.

3. Stendete la gamba, senza allargare troppo, come se voleste calciare a terra, per schiacciare qualcosa (quindi la pianta del piede è parallela al pavimento).

4. Dopo la distensione della gamba e del piede, tornate alla posizione di partenza.
Provate più volte l'esercizio prima con l'una poi con l'altra gamba.

Una variante dell'esercizio che avete eseguito seduti sul bordo di una panca o della vasca, si può eseguire proni, braccia e gambe ben distese:

1. Piegate entrambe le gambe, unite, in modo da formare quasi un angolo retto con la coscia. Il piede è ben disteso, la punta allineata con la gamba.

2. Piegate il piede nella posizione a martello, ruotandolo leggermente in fuori.

3. Divaricando, ma non eccessivamente, le gambe (le ginocchia restano poggiate a terra), calciate verso il basso e riunite le punte dei piedi ben tese.

Curate in quest'ultima fase l'effettiva applicazione della potenza nella calciata, al contrario della prima fase di flessione della gamba che deve essere lenta, dolce e graduale. Questo esercizio non è forse perfettamente adeguato, perché in realtà nell'acqua anche la coscia si flette; sarebbe dunque preferibile eseguirlo con il tronco appoggiato e saldamente afferrati all'estremità di una panca o di un trampolino, e gli arti sospesi nel vuoto.

Se ho insistito tanto su tali esercizi è perché a terra, « a secco », si possono più facilmente correggere eventuali difetti, ricordando che spesso nel nuoto un'impostazione iniziale errata è poi più difficile da eliminare. Per esempio è frequente il vizio asimmetrico delle gambe, che comporta in acqua sbilanciamento laterale a danno della posizione idrodinamica, quindi resistenza all'acqua e ripercussioni sulla bracciata e sulla respirazione. Memorizzate e fate in modo che quel tipico movimento del piede della nuotata a rana diventi automatico: all'inizio, in fase di recupero, teso, a costo di sforzi, per non offrire attrito all'acqua, poi gradualmente piegato a martello e ruotato leggermente in fuori per aumentare la spinta nella gambata, come se doveste dare un calcio a qualche oggetto vicino.

Passiamo alla bracciata. In un certo senso il movimento è simile a quello delle gambe, nell'apertura e nel tracciato di una sorta di forma a cuore, ma le braccia lo percorrono dalla punta in fuori.

La bracciata comprende quattro fasi:
1. Recupero con allungamento.
2. Flessione o piegamento del gomito.
3. Trazione.
4. Distensione in avanti, a palme unite.

Anche in questo caso si può eseguire una prova fuori dall'acqua, in piedi. Partendo con le braccia tese in avanti, le palme rivolte verso il basso e leggermente all'esterno, eseguite una prima fase di trazione, sempre muovendo in basso e in fuori. A questo punto, rivolgendo le palme all'interno, piegate i gomiti per consentire la trazione. Arrivati all'altezza delle spalle, abbassate i gomiti e riunite le mani a palme rivolte verso l'alto, oppure a palme unite come in preghiera. Tornate alla posizione di partenza, completando il recupero.

Alle prime battute vi verrà istintivo portare le braccia

molto in fuori, oltre la linea delle spalle, perché forse avrete l'impressione di spingere maggiormente: impressione del tutto errata. Nuotando a rana bisogna cercare di mantenere il corpo il più possibile in posizione « affusolata », per imprimergli maggiore penetrazione idrodinamica. Il tronco, dalle spalle al bacino, dovrebbe idealmente risultare immobile: non dovrebbe emergere né affondare eccessivamente, ma rimanere appena al di sotto del livello dell'acqua. Si può imparare il movimento delle braccia anche appoggiandosi a una parete con le braccia alte sopra la testa e disegnando con il movimento delle mani una forma a cuore con la punta rivolta in su. Oppure, in ginocchio a terra, flettendo avanti il busto.

La respirazione avviene durante la prima fase di apertura delle braccia. Mentre le mani vanno in fuori verso il basso e il viso emerge naturalmente dall'acqua, inspirate profondamente. A movimento terminato, quando vi accingete a portare le mani unite avanti a braccia tese, la testa si abbassa, ma non affonda completamente. Guardate avanti a occhi sempre ben aperti: è il momento di espirare adagio.

Nella nuotata a rana il corpo poggia essenzialmente sul petto e le spalle vanno tenute orizzontali all'acqua. Come norma generale dovete ricordare che mentre i movimenti diretti in avanti devono essere piuttosto lenti e sciolti, i movimenti all'indietro sono quelli dove si concentra la massima potenza necessaria all'avanzamento. Abbiamo dunque due fasi: una di riposo (movimenti in avanti) e una di lavoro (movimenti all'indietro). La netta distinzione tra queste due fasi è necessaria agli effetti di una corretta esecuzione e di un risparmio di energie. Curate che i movimenti si susseguano con azione armoniosa, sciolta e ben coordinata. Particolare attenzione dovrete rivolgere alla respirazione, all'azione delle gambe e delle braccia, durante l'azione di propulsione delle gambe, e all'esatta successione dei singoli movimenti. Ricordate che questo stile sembra il più complicato e invece, come ho detto, alla fine risulterà il più istintivo, nonostante la mole di dettagli tecnici. Abbiate pazienza, tuttavia, ci vuole tempo per imparare una buona nuotata a rana.

Vediamo la sequenza progressiva.

1. Posizione di scivolamento con il corpo ben disteso in orizzontale, testa sommersa sino alla fronte; braccia distese avanti, palme rivolte in fuori.

2. Le mani pescano, prendono l'acqua a una profondità di 15-20 centimetri e spingono lateralmente. Siamo in fase di iniziale espirazione da naso e bocca.

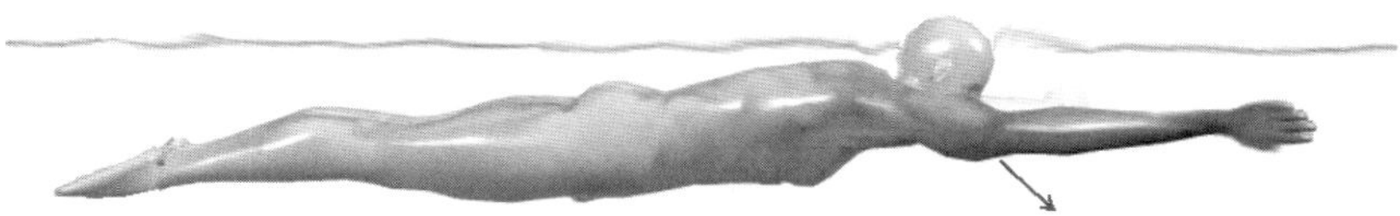

3. La testa comincia a sollevarsi, i gomiti sono piegati e alti. La fase finale dell'espirazione è più rapida quando la bocca sta quasi per emergere. L'aria allontana l'acqua.

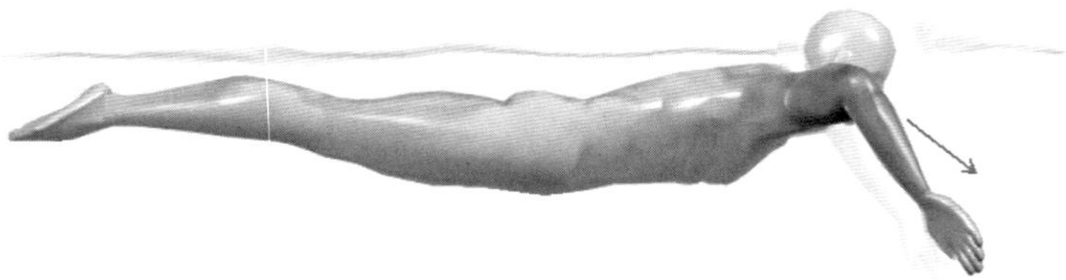

4. Le mani ruotano all'interno per l'ultima fase propulsiva. Prima che le braccia siano spinte in avanti comincia l'inspirazione; le ginocchia si piegano e comincia il recupero delle gambe.

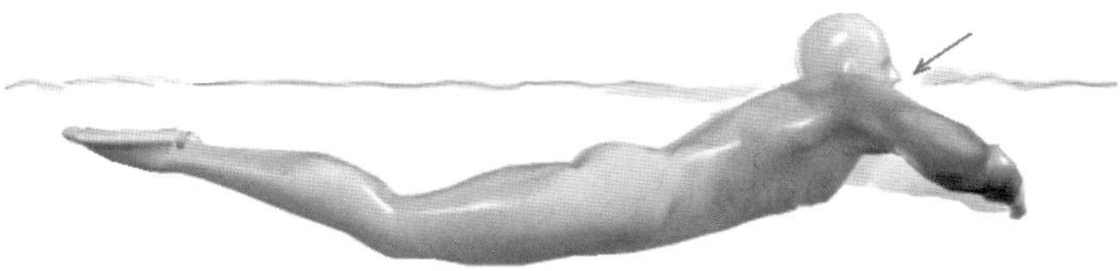

5. L'inspirazione è completata; le mani cominciano a muoversi in avanti unite mentre prosegue il recupero delle gambe.

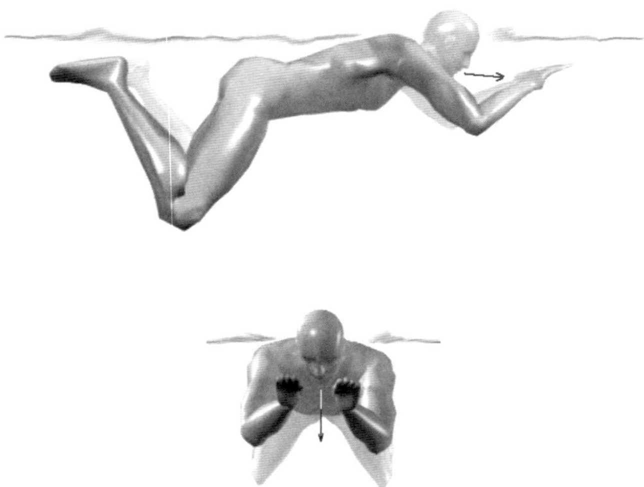

6. Il collo si flette, la testa si riabbassa sull'acqua; i piedi sono piegati a martello nella spinta indietro delle gambe, le braccia si muovono in avanti. La testa è bassa.

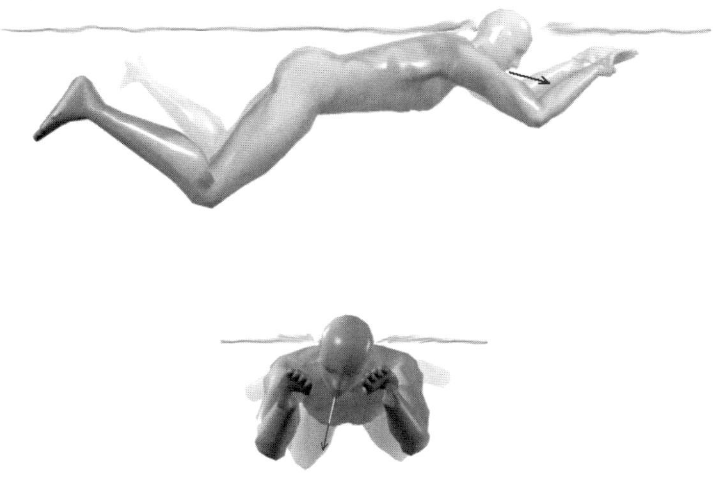

7. Le gambe hanno completato il calcio, i piedi sono flessi e spinti indietro e cominciano a riunirsi. Le braccia si distendono con le mani leggermente più in basso rispetto alle spalle. Il corpo si distende e si allunga avanti; si sfrutta la spinta nell'acqua per pochi secondi prima di cominciare un altro ciclo.

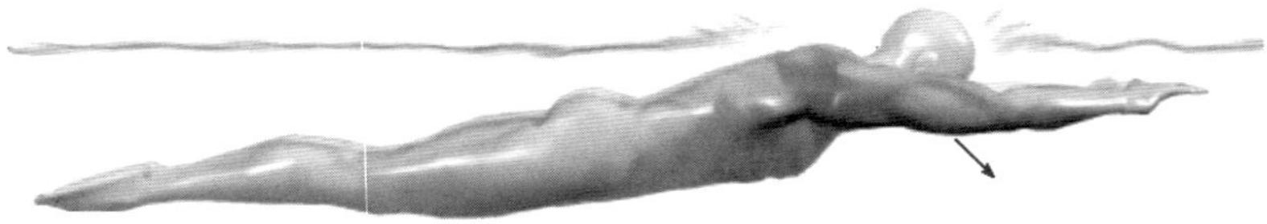

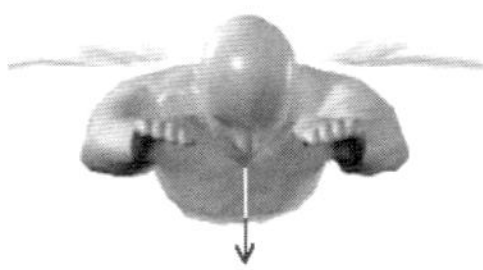

Illustriamo più in dettaglio la sola sequenza delle gambe nella rana.

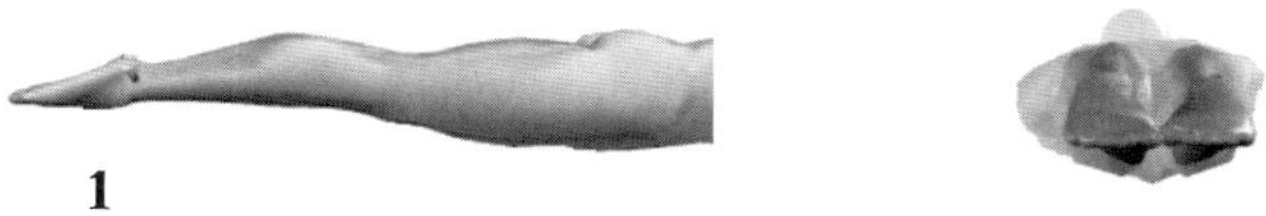

1

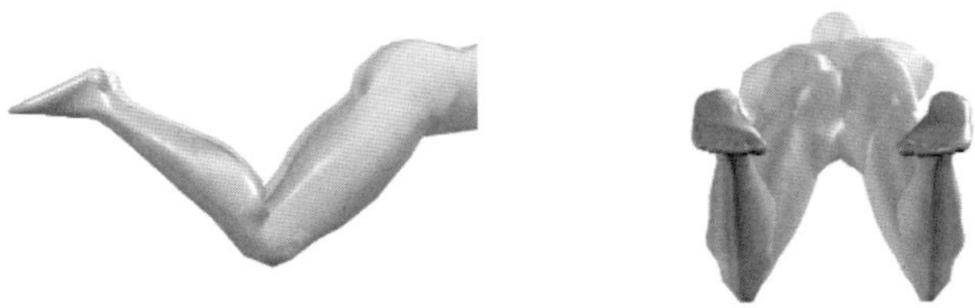

2

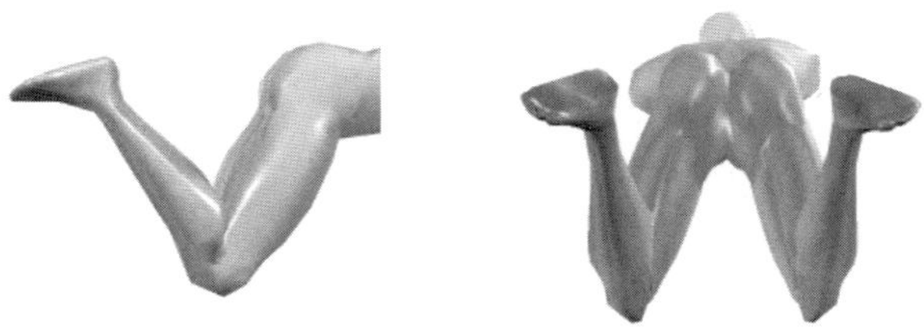

3

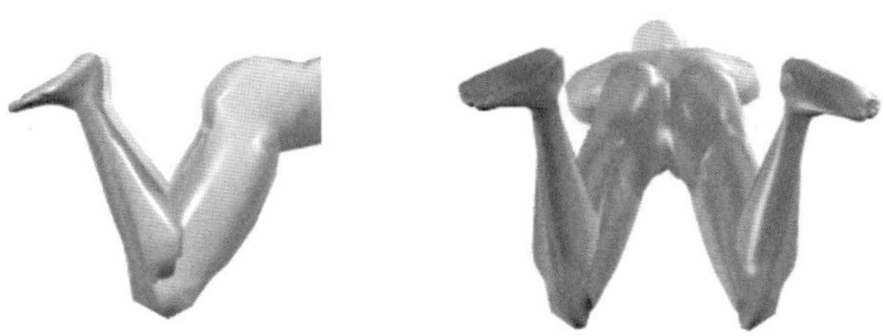

4

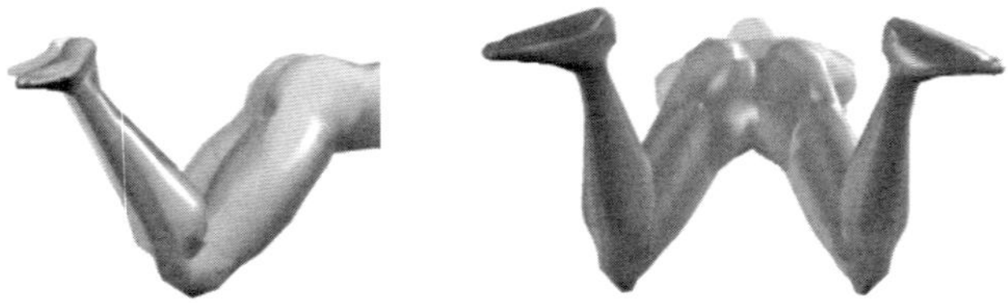

5

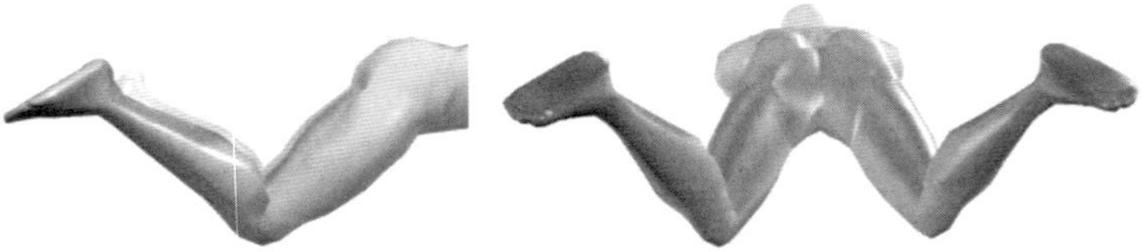

6

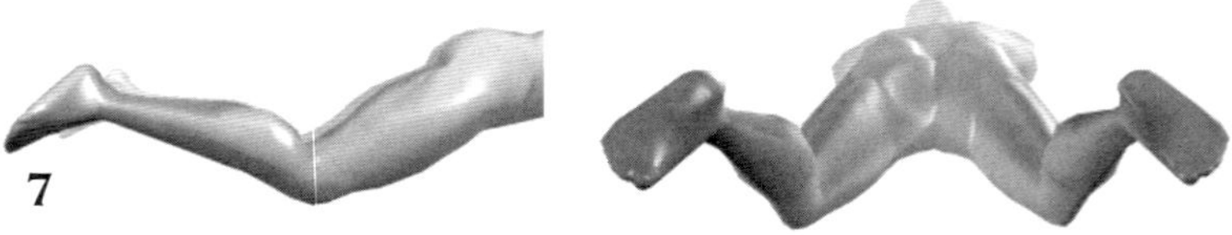

7

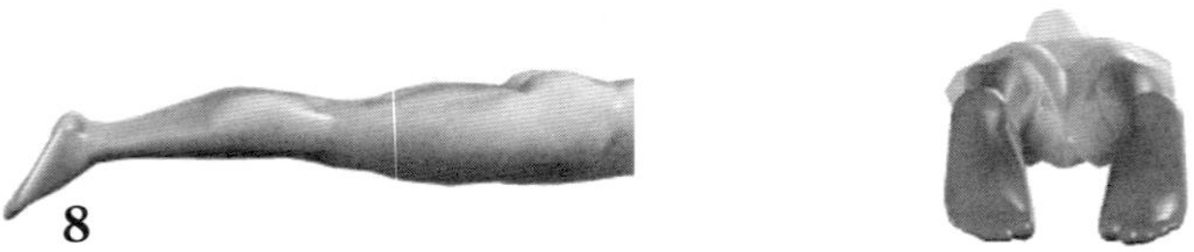

8

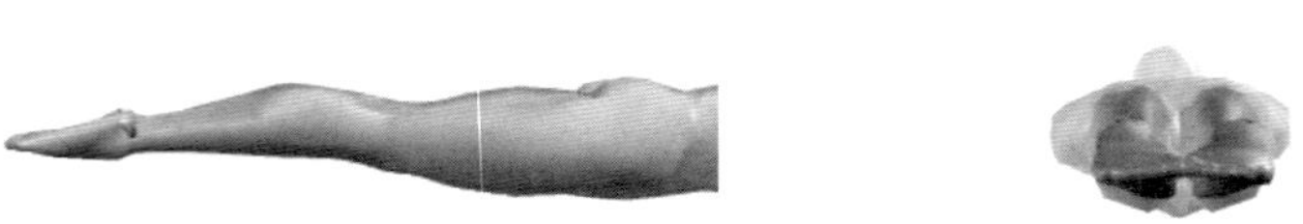

9

Il delfino

La nuotata a delfino o farfalla è molto simile a quella dello stile libero, dal momento che braccia e gambe hanno movimenti quasi identici, soltanto che si muovono contemporaneamente, le due braccia insieme e così pure le due gambe. In origine si mescolava la battuta delle gambe a rana e il recupero delle braccia fuori dall'acqua, a farfalla. Quando si passò al colpo di gambe unite, il delfino rappresentò la nuotata più recente introdotta nelle competizioni: nel 1952, come abbiamo detto, la FINA distinse e separò definitivamente i due tipi di stile, rana e delfino, legalizzando per quest'ultimo lo schema con battuta contemporanea di braccia e gambe.

In quanto a velocità il delfino potrebbe equiparare lo stile libero, se non che al colpo potente delle gambe e alla trazione congiunta delle braccia segue – in fase di recupero esterno – una piccola inerzia, una sorta di battuta d'arresto che spezza il ritmo e la velocità. D'altra parte è anche vero che la tipica, ampia oscillazione che fa pensare appunto al movimento di un delfino, e che comporta un effetto frenante, rappresenta anche la bellezza di questa nuotata, la sua grazia. Bellezza e grazia pagate a caro prezzo se è vero che il delfino è la nuotata più faticosa e insieme la più difficile da imparare, a dispetto della sua apparente fluidità. Così bella da guardare e così soddisfacente quando si è in grado di praticarla bene, questa nuotata è quasi un'arte nella quale il corpo esprime il massimo dell'armonia. I campioni di delfino hanno generalmente un fisico che si fa notare: assai più dotati dei loro colleghi, sviluppano in particolare spalle e torace. Altro che body-building: provate a imparare bene il delfino, non scoraggiatevi se all'inizio vi sembrerà di una complessità insormontabile. Posso assicurarvi che non è vero: provate e riprovate, allenatevi a lungo. Noterete la differenza rispetto agli altri stili: la nuotata a delfino modella, scolpisce. E dà gioia e senso di potenza, di armonia, inconfondibili. Se poi, per gioco, una volta che lo avrete imparato bene, proverete a esagerare l'andamento dell'oscillazione, fuori e dentro l'acqua, in profondità, avrete la sensazione di... volare in acqua, capirete quali sensazioni può provare un vero delfino giocherellone quando emerge e si rituffa. Allora sì che il contatto con l'acqua vi sembrerà un'emozione esaltante.

La bracciata si compone di quattro fasi:
1. Entrata.
2. Flessione del gomito.
3. Spinta.
4. Recupero.

Le braccia, rispetto allo stile libero, pescano più in profondità, aiutate dal movimento ondulatorio prodotto dalle anche e dal colpo di gambe. Potrete esercitarvi e provare « a secco » il movimento delle braccia: l'esercizio contribuirà anche a sciogliervi l'articolazione delle spalle.

Le gambe si muovono insieme: il calcio è identico a quello dello stile libero, soltanto più potente per l'azione congiunta delle gambe. La ritmicità della gambata nel delfino è fondamentale: a due colpi corrispondono due fasi. Con un primo calcio piuttosto potente otterrete l'elevazione di braccia e spalle, che vi permetterà di emergere e inspirare, e, con un secondo calcio leggermente più fluido e meno vigoroso del primo, l'immersione in avanti e il recupero delle braccia. Provate con un cuscinetto o una tavoletta a muovere le sole gambe: sentirete naturalmente quel caratteristico movimento oscillatorio, ondulatorio, che, nella nuotata completa, dovrete assecondare con le anche, la bracciata e la testa.

Passiamo alla scansione tecnica.

1. Le mani entrano in acqua insieme, frontalmente, all'altezza delle spalle. Le gambe, con i piedi ben distesi, sono pronte a cominciare il colpo più leggero verso il basso. Bocca e naso in fase di espirazione.

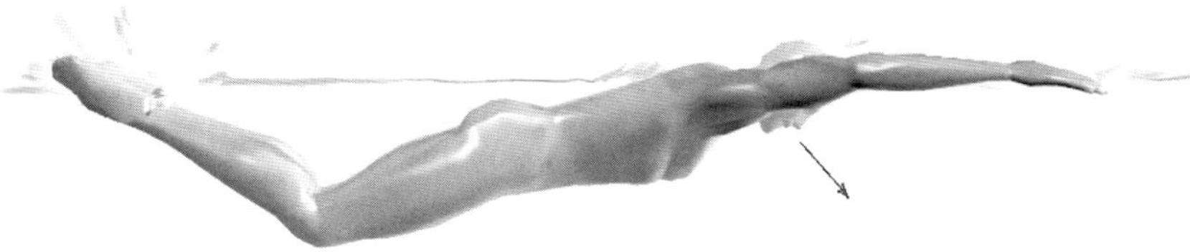

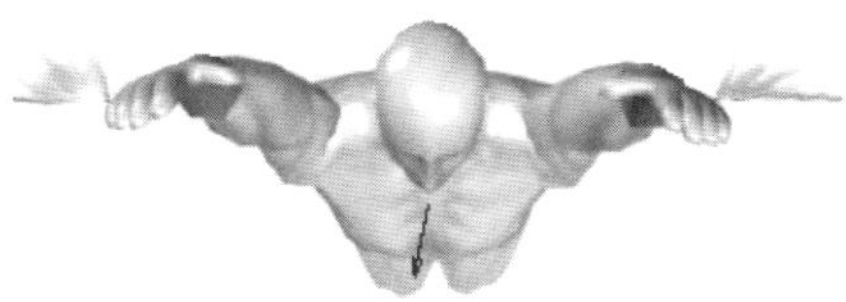

2. Le mani affondano diagonalmente in fuori, le braccia sono aperte e i piedi calciano verso il basso, permettendo ai fianchi di sollevarsi.

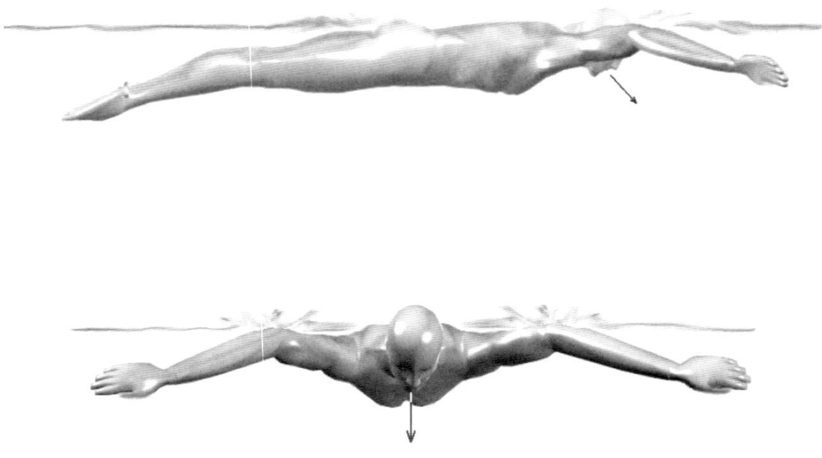

3. La bracciata continua aperta, le gambe cominciano il recupero verso l'alto.

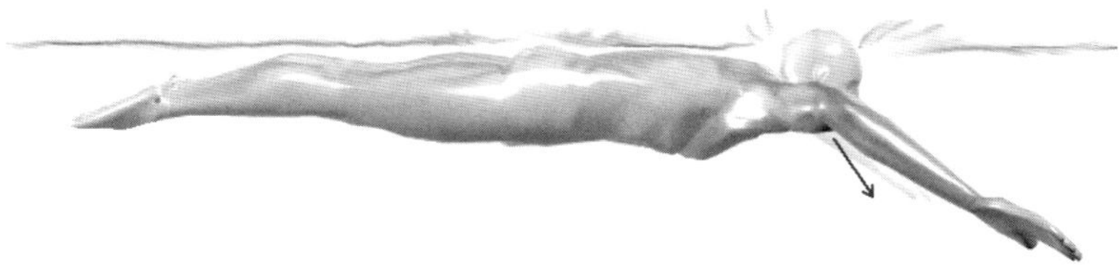

4. Le gambe si preparano al calcio verso il basso, il collo si flette, le braccia sono in fase di trazione a gomiti alti, a 90°, le mani quasi si toccano.

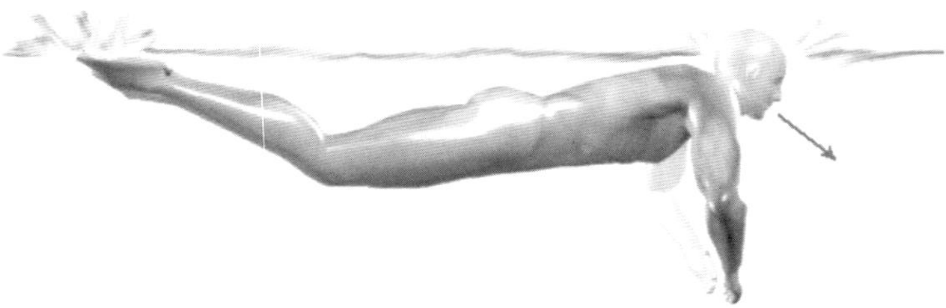

5. Le braccia spingono in basso e indietro, con i gomiti alti. Le gambe hanno completato il calcio.

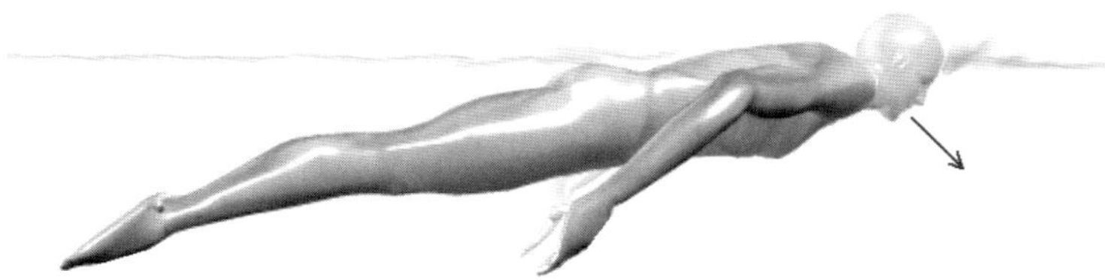

6. Le mani hanno completato la trazione e si preparano a spostarsi all'esterno. Prosegue l'espirazione, mentre la testa si abbassa lievemente per favorire il recupero delle braccia. I piedi tornano verso l'alto.

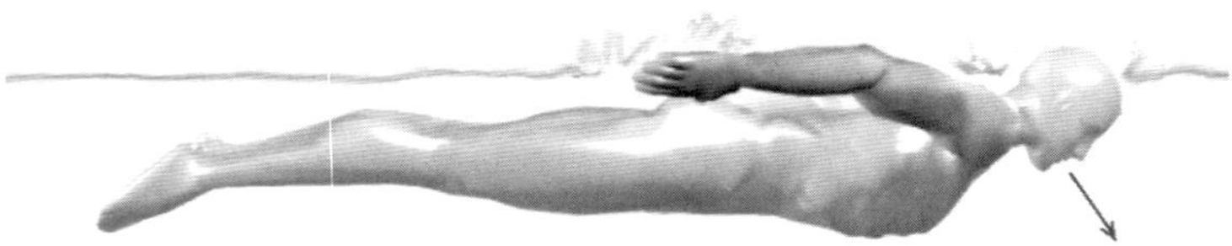

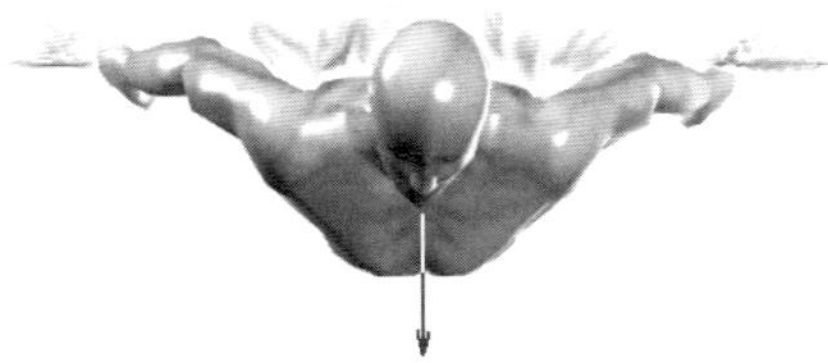

7. Le mani fendono la superficie, le gambe quasi affiorano prima di cominciare il movimento verso il basso, i piedi sfiorano la superficie dell'acqua.

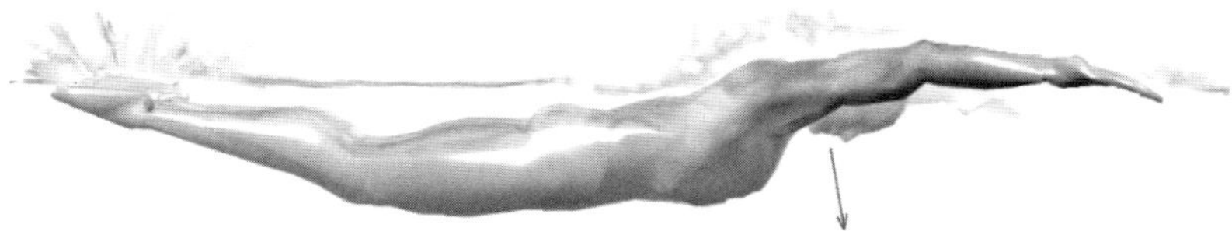

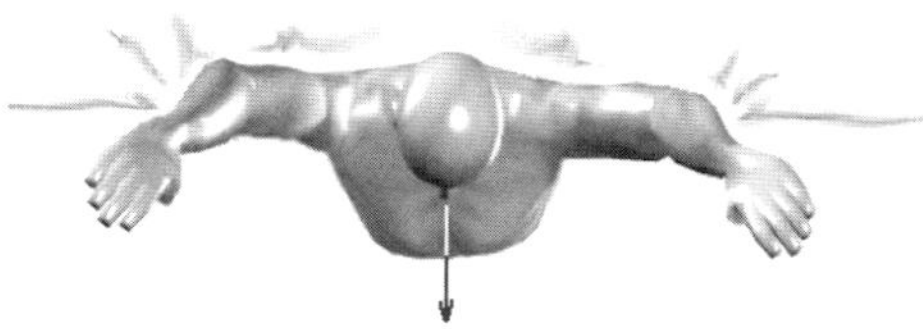

8. Colpo di gambe quasi ultimato, la testa affonda cominciando l'espirazione. Gomiti alti a inizio trazione.

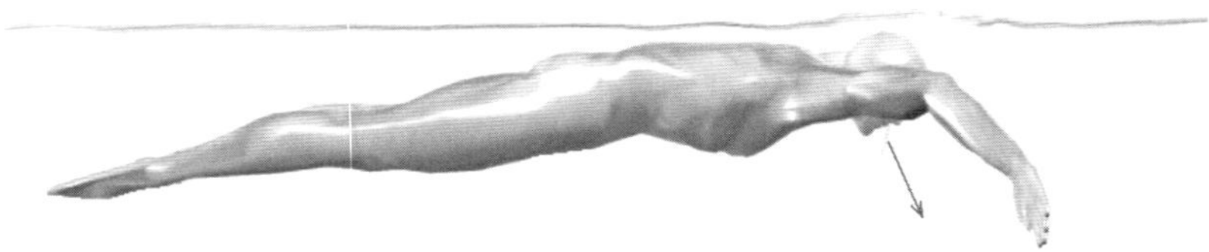

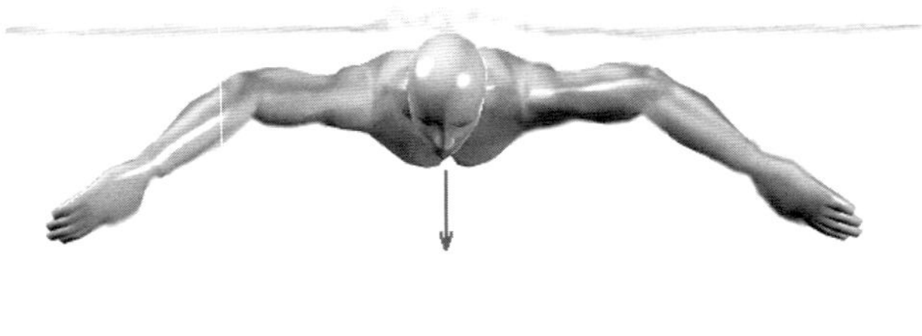

9. Piedi e testa si alzano, facendo forza sulle braccia in trazione, le mani si avvicinano. È la fase finale più rapida di espirazione.

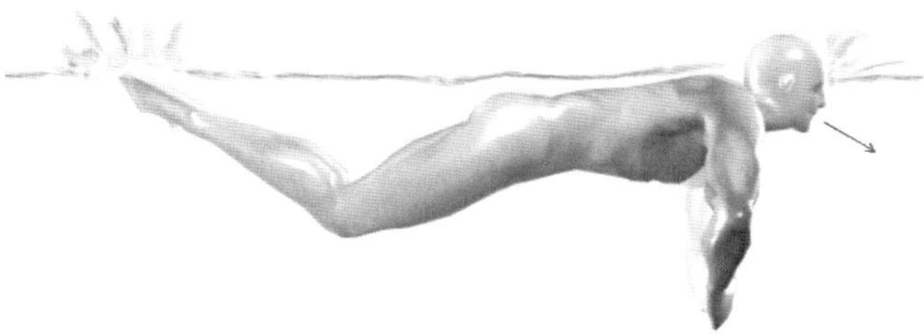

10. Flettendo il collo, la testa si alza, mento sulla superficie, inspirazione. Con le braccia in recupero esterno, è completato il calcio più potente in basso delle gambe.

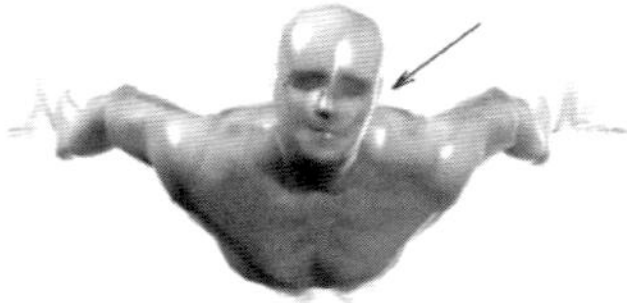

Molta importanza nel delfino assume la respirazione: conviene inspirare a ogni bracciata, emergendo con la testa. I nuotatori esperti preferiscono respirare ogni due bracciate, sfruttando la seconda a testa immersa per potenziare la propulsione, eliminando l'effetto frenante delle spalle e della testa che emergono (come potete vedere dalle illustrazioni). Attenzione a non emergere eccessivamente anche con le spalle fuori dall'acqua: per evitarlo dovete sollevare la testa mediante un'ipertensione del collo. All'inizio sarà un po' faticoso, sentirete qualche dolorino alla nuca, poi passerà, vi abituerete al movimento. Sollevate la testa quel tanto che basta per respirare, per prendere aria, possibilmente senza staccare il mento dalla superficie dell'acqua. Una respirazione corretta permette un recupero delle braccia corretto e poco faticoso; in caso contrario, l'affanno vi renderà le braccia pesanti come macigni. Una particolarità della bracciata a delfino: quando le mani fuoriescono dietro dall'acqua, se avete eseguito correttamente il movimento di trazione e spinta, dovreste avere le palme rivolte verso l'alto. Mentre effettuate il recupero esterno delle braccia, ruotate le mani in maniera che le palme tornino gradatamente rivolte verso il basso; mentre oltrepassano la linea delle spalle saranno ancora leggermente rivolte all'esterno, ma stanno per completare la rotazione. Ricordate, infatti, che l'entrata in acqua avviene a palme in giù, con la punta delle dita che fendono la superficie per prime.

Il colpo di gambe verso il basso è la chiave nel delfino per innalzarvi col torace ed emergere con la testa a respirare. Il movimento delle mani che entrano in acqua accompagnate dalla testa, che affonda in avanti, crea e accentua quella tipica oscillazione ondulatoria. Guardate, se vi è possibile, la nuotata a delfino di qualche esperto nuotatore per capirne il movimento caratteristico, per farlo vostro: mai, come nel caso di questo stile, la pratica imitativa è fondamentale, anche se non vi sfuggirà, nelle competizioni agonistiche, che alcuni campioni respirano lateralmente, per diminuire l'alzata eccessiva e frenante della testa.

Gli errori e i difetti più comuni nei vari stili

Conoscere le dettagliate norme tecniche per l'esecuzione dei vari stili non significa ancora mettere in pratica una corretta nuotata. Dovete imparare soprattutto a identificare anche da soli difetti e movimenti sbagliati, lavorando in negativo sull'esecuzione scorretta delle norme. Vi chiederete giustamente in che modo. Un conto è avere un amico, un parente, un istruttore che dal bordo della vasca vi osserva e vi segnala che cosa non va. Un conto è accorgersene da soli, quando è ovvio che non ci si può vedere. Salvo che qualcuno pazientemente e generosamente non possa riprendervi con una telecamera – davanti, di lato e da dietro – e mostrarvi poi il risultato in video, dove addirittura si può bloccare l'immagine incriminata. Vi dirò invece che è possibile, perché ogni difetto o errore genera una reazione a catena che incide sul complesso della vostra nuotata con sbilanciamenti, difficoltà respiratorie e un generale effetto frenante che immancabilmente percepirete. In sostanza è difficile non avvertire un certo disagio attraverso uno dei tanti sintomi che una nuotata brutta, distorta e inefficace vi segnalerà con un piccolo campanello d'allarme.

Errori nello stile libero

Cominciamo dagli *errori nella tecnica* della *bracciata*:

1. *Entrata «piatta» della mano*: se la mano si appoggia piatta sulla superficie, otterrete l'effetto di «schiaffeggiare» l'acqua, producendo spruzzi e vanificando la prima, essenziale fase di trazione del braccio, che in questo modo incontrerà resistenza. L'entrata cosiddetta «pulita» e corretta avviene con le dita che si infilano quasi a perpendicolo, che fendono la superficie permettendo una corretta estensione del braccio sotto la superficie. Per fare questo dovete rilassare la mano e alzare bene il gomito. Eseguite dolcemente il movimento: ripetete l'esercizio più volte, con un braccio alla volta, tornando all'esercizio del nuoto alternato, per concentrarvi meglio su un movimento alla volta, su un braccio e una mano alla volta. Anche in fase di trazione subacquea ricordate che la mano sta sempre in linea con il braccio: se flettete le dita verso l'alto, piegate il polso e il palmo della mano non farà presa.

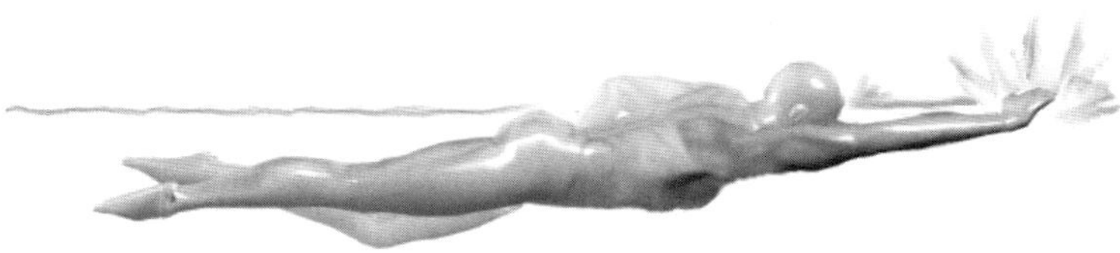

2. *Entrata della mano «a incrocio», oltre la linea mediana della testa*: la mano dovrebbe entrare, come si è detto, a circa 20-30 cm di fronte alla spalla ed esattamente lungo la linea della spalla, semmai un poco esternamente. Non certo all'interno, ovvero superando la linea mediana della testa, perché questo porterebbe a uno sbilanciamento pericoloso del corpo sul proprio asse, facen-

dolo pendere tutto da una parte, e a uno spreco inutile di energia. Si accorcerebbe, infatti, l'estensione del braccio sotto la superficie, il che vanificherebbe la trazione.

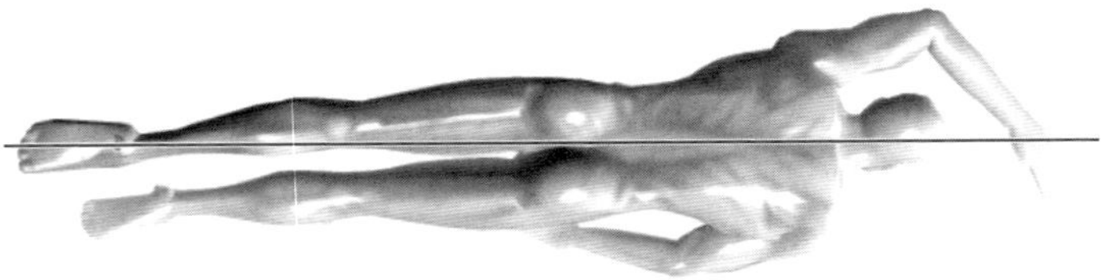

3. *Entrata « corta » della mano e insufficiente estensione del braccio*: è la rotazione del braccio sulla spalla, l'alzata del gomito, a garantire una buona entrata ed estensione del braccio. Il segreto, come si è visto, è tutto nella scioltezza dell'articolazione omerale. Se la mano si butta in acqua prima di una completa estensione, entra cioè troppo presto e troppo vicino alla testa e alla spalla, sarete costretti a un affondamento eccessivo in profondità, a scapito di un corretto allungamento del braccio sotto la superficie.

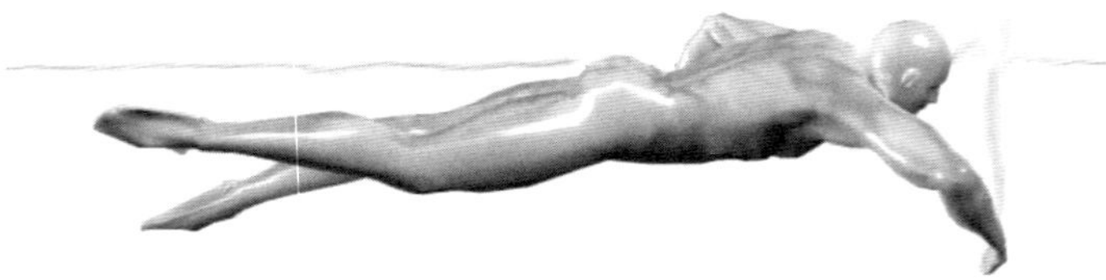

D'altra parte bisogna evitare anche l'errore opposto, che consiste in un *eccessivo allungamento del braccio in avanti in fase di entrata*: la mano infatti, troppo tesa avanti, non pescherebbe, non farebbe presa immediata in acqua.

4. *Incompleta trazione ed estensione del braccio indietro*: se la vostra mano ha fretta di riemergere in recupero esterno, appena superata per esempio l'altezza della vita, perderete tutta la parte finale della vostra spinta di trazione. Vi accorgerete da soli della debolezza di propulsione della vostra bracciata, amputata dello sforzo finale di distensione all'indietro e dunque di preziosi secondi di avanzamento. Fate in modo di seguire la portata della mano almeno sino alla coscia.

5. *Gomito troppo basso in fase di recupero esterno*: ormai dovreste averlo compreso, perché la posizione del gomito condiziona anche l'entrata in acqua della mano. Alzate il più possibile il gomito per un'ampia rotazione della spalla, per predisporre mano e braccio a un'entrata « pulita ». Avrete automaticamente la mano con le dita che sfiorano delicatamente la superficie, prima che il braccio sia pronto a estendersi nella completa lunghezza. Se terrete il gomito basso, la mano schiaffeggerà l'acqua ed entrerà troppo presto.

6. *Gomito troppo basso in fase di trazione*: anche in immersione se il gomito si abbassa, avvicinandosi al corpo, perderete tutta la forza trainante del vostro avambraccio e della mano che devono agire come un remo. Non tenere alto il gomito anche in fase di trazione significa non afferrare l'acqua, ma rischiare di « tagliarla » come con un coltello.

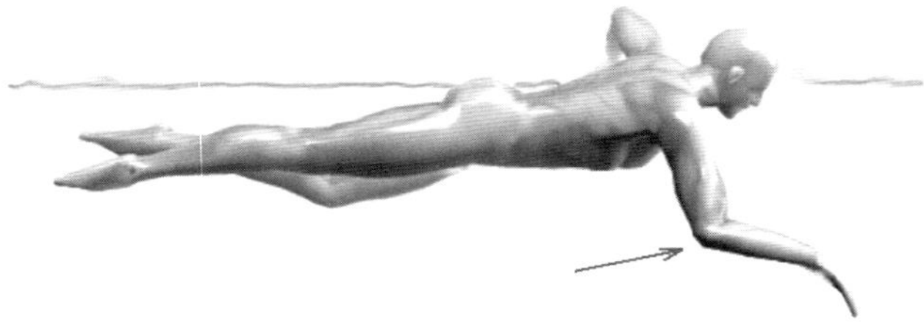

7. *Insufficiente rotazione della spalla*: discende da tutti gli errori che abbiamo analizzato sin qui, anzi, paradossalmente li determina, ne rappresenta il difetto a monte. Una rotazione debole e incompleta della spalla causa l'abbassamento del gomito e l'entrata scorretta della mano in acqua. Esercitatevi « a secco » facendo ruotare bene e ampiamente le braccia o con la bracciata a stile libero o con quella simmetrica a delfino. Una buona ginnastica preparatoria scioglie le articolazioni e predispone ai corretti movimenti in acqua.

Ci siamo concentrati sulla parte anteriore del corpo, dove avviene il maggiore sforzo propulsivo, come sapete. Ma anche per ciò che riguarda gli arti inferiori la vostra nuotata potrebbe essere penalizzata da alcune imperfezioni.

Vediamo dunque, più rapidamente, gli *errori nel movimento delle gambe*:

1. *Le gambe sono rigide* e non prevedono quella leggera flessione dal ginocchio in giù che, oltre a rendere il movimento più naturale, potenzia l'effetto della gambata.
2. *Il ginocchio si piega* e fa emergere la parte inferiore della gamba. Una leggera flessione ci deve essere, ma non un totale piegamento.

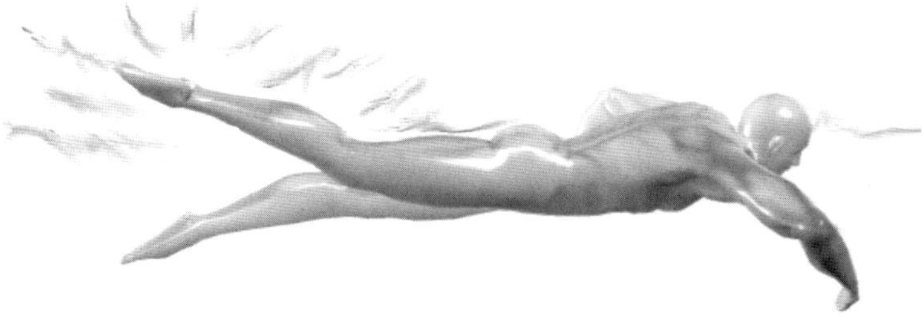

3. *Il piede è piegato* e calcia leggermente flesso, mentre per un corretto rendimento il piede va tenuto completamente disteso (forzate l'estensione, spingendo con le punte, a costo di sentire un lieve dolore: dovete trasformare il piede in pinna). Nel calcio in basso si deve fare forza sul collo del piede, nel calcio in alto sulla pianta: in entrambi i casi il piede è un prolungamento perfetto della gamba, non deve opporre resistenza.

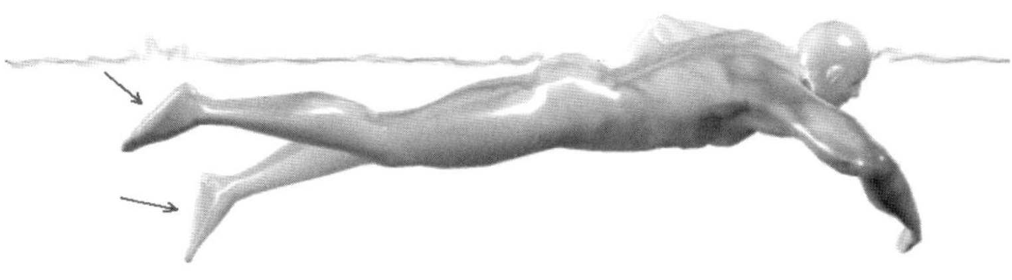

4. *I piedi emergono dall'acqua* e producono schizzi disordinati: il risultato è soltanto una resistenza inutile.

5. *Le gambe si muovono troppo in profondità*, sbilanciando il corpo.

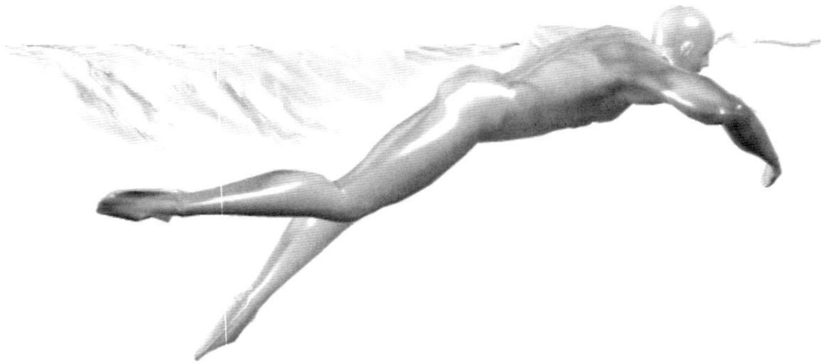

6. *Il movimento troppo largo* delle gambe è inefficace tanto quanto un movimento troppo breve, corto nella fase di calciata. Ognuno dovrà imparare a bilanciare su se stesso il movimento degli arti inferiori con l'obiettivo di assicurare una corretta potenza, un motore sufficiente a sostenere il corpo e assecondare la trazione delle braccia. Il ritmo corretto delle gambe va infine coordinato alla respirazione.

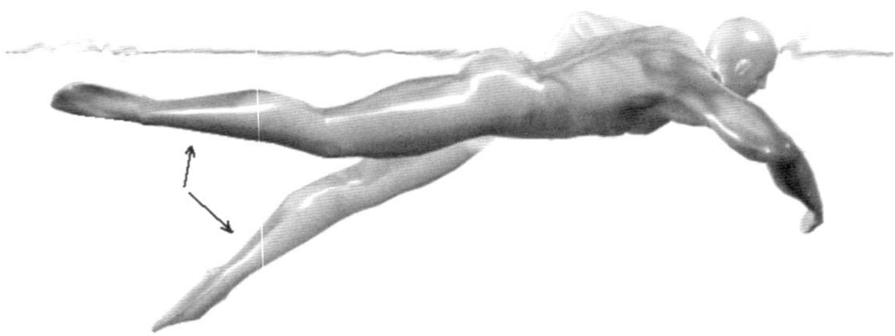

Infine *la posizione della testa*. Ecco gli errori più frequenti:

1. *La testa è troppo immersa*: ricordate la regola basilare nel nuoto « la testa fa da timone »? Non è difficile accor-

gersi che la posizione della testa regola e determina un corretto galleggiamento ed equilibrio del corpo. Non tenete dunque la testa troppo immersa, al di sotto del pelo dell'acqua, con il mento che va a sfiorare lo sterno: in questo modo vi sentirete affondare in avanti e il braccio pescherà scorrettamente in profondità. Vi ho già precisato che la linea di superficie nella nuotata a stile libero si colloca idealmente tra l'attaccatura dei capelli e le sopracciglia: tale livello costante deve mantenersi anche in fase di respirazione. Tenete gli occhi aperti sott'acqua, guardate davanti a voi. Tenete d'occhio l'entrata della mano, non il fondale della piscina o del mare.

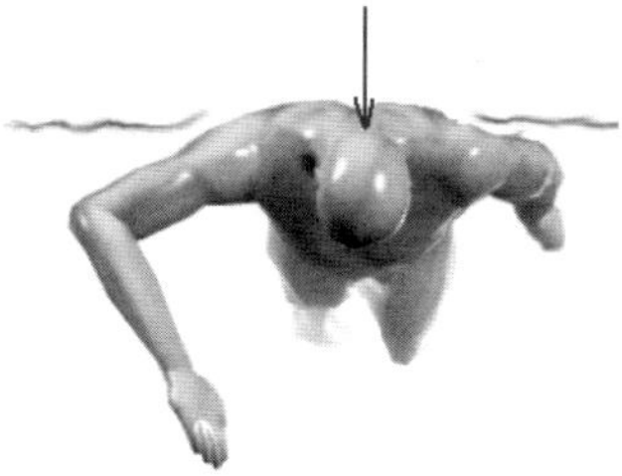

2. *In fase di respirazione la testa, invece di ruotare lateralmente, si alza di fronte*. Questo provocherà la caduta verso il basso degli arti inferiori e, conseguentemente, del resto del corpo. Ricordate che la testa deve ruotare sul proprio asse, non alzarsi e abbassarsi, sbilanciando l'equilibrio idrodinamico.

Errori nel dorso

Cominciamo dalla *bracciata*:

1. *Entrata piatta con il dorso della mano*, anziché con la costa e il mignolo. È evidente che in questo modo si incontra la resistenza dell'acqua, invece di operare subito in fase di trazione. Come nel crawl, l'entrata della mano deve essere « pulita », la mano in acqua deve subito « pescare » con potenza e spingere l'acqua per avanzare.

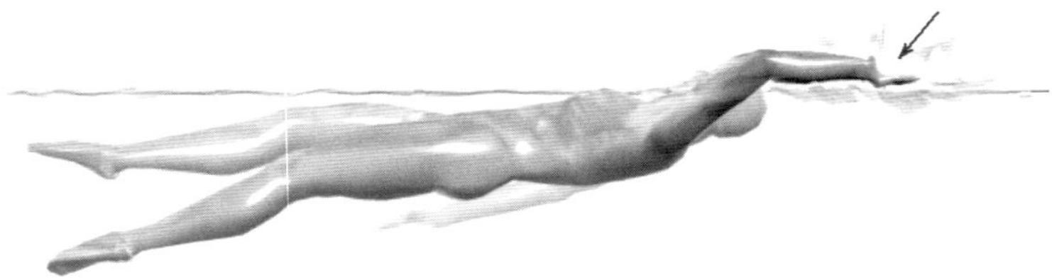

2. *La bracciata può essere troppo veloce così come troppo lenta*. Nel primo caso è probabile che la bracciata produca schiaffi disordinati sull'acqua, con il solo effetto di squilibrare la posizione del corpo, causare un eccesso di rollio e rendere affannosa la respirazione. Può accadere anche l'opposto: vale a dire che la bracciata si effettui con tempi eccessivamente lunghi e dunque inefficaci. Il ritmo è fondamentale anche nel dorso: all'esterno, in fase di recupero, il movimento delle braccia è più dolce, ma deciso; sott'acqua si sviluppa la potenza necessaria per avanzare. L'avvicendamento delle bracciate è sostenuto, senza pause né strappi, continuo, soprattutto regolare.
3. *Rollio in eccesso*: quando le spalle accompagnano una bracciata troppo ampia e probabilmente troppo in profondità, spostandosi dal loro asse, si produce quel tipico ondeggiamento eccessivo del corpo da un lato e dall'altro, che causa attrito. Cercate di tenere il busto fer-

mo, non sbilanciatevi, non oscillate. Ricordate che il gomito sott'acqua si flette per aumentare la forza trainante e propulsiva del braccio. Se non piegate il gomito, ma tenete gli arti rigidi, provocherete un rollio inutile, che appesantisce la nuotata e la rallenta, la rende inefficace.

Per ciò che attiene invece il *movimento delle gambe*:

1. *Il ginocchio si piega troppo* e fuoriesce dall'acqua: per un corretto movimento, solitamente bisogna calciare verso il basso e, in recupero, verso l'alto, flettendo leggermente il ginocchio e tenendo i piedi leggermente flessi verso l'interno. Se piegate le gambe, come per eseguire una sorta di pedalata a bicicletta, il ginocchio emergerà rendendo completamente inefficace la vostra calciata.

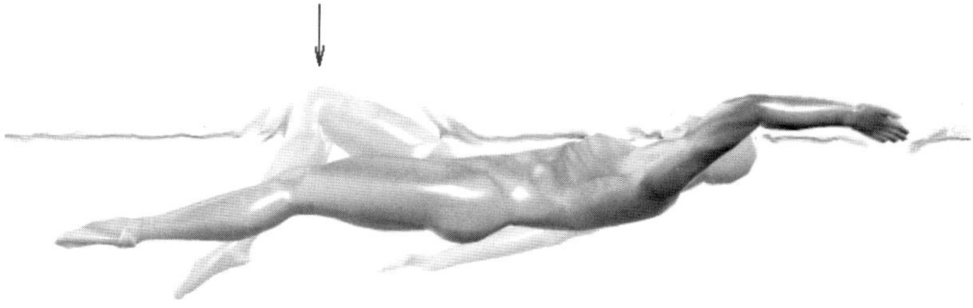

2. *I piedi calciano fuori dall'acqua*: come il ginocchio e tanto più, i piedi devono battere rigorosamente al di

sotto della superficie. In caso contrario si frena la propulsione.

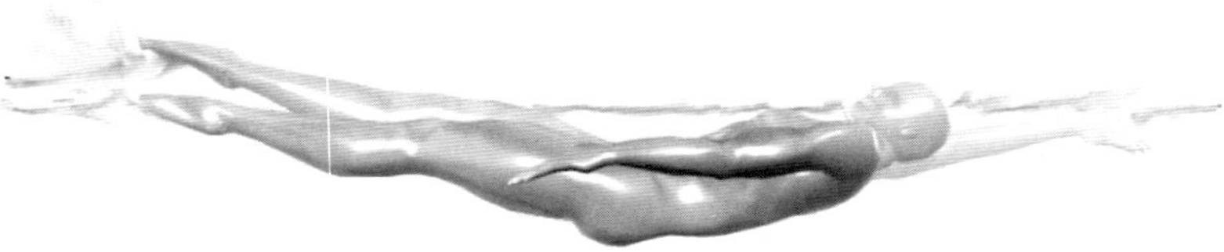

3. *I piedi si incrociano e si urtano*: una corretta gambata avviene con le gambe e i piedi relativamente distanziati in modo che nel movimento asimmetrico che eseguono, uno verso il basso, l'altro verso la superficie, i piedi non rischino di incrociarsi e di sbattere uno contro l'altro. Evitate quella pericolosa « sforbiciata » a incrocio che bloccherebbe la vostra gambata.

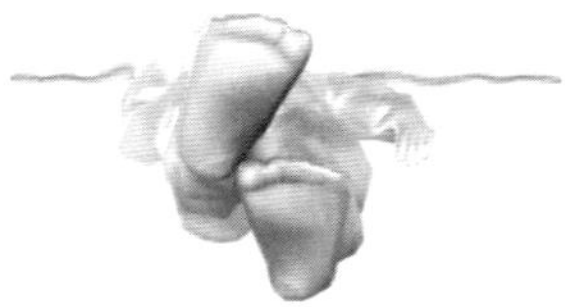

4. *Movimento troppo veloce o troppo lento delle gambe*: come nel caso della bracciata, anche le gambe devono trovare un movimento regolare e sostenuto che possa mantenere la posizione del corpo distesa. Entrambi i difetti producono scompensi e affaticamenti che vanno a compromettere la bracciata stessa.

Attenzione infine alla *respirazione,* per quanto vi sembri impossibile commettere errori quando la testa nel dorso sta appoggiata sull'acqua e dunque bocca e naso – teoricamente – stanno fuori e possono disporre di tutta l'aria che vogliono. Non è proprio così: la respirazione deve mantenere il suo ritmo regolare di inspirazione e di espirazione anche in questo caso. Se cominciate a ingarbugliarvi, respirando troppo affannosamente e non svuotando del tutto i vostri polmoni prima di riprendere ossigeno, scombinerete il ritmo di braccia e di gambe, con uno scoordinamento complessivo che vi affaticherà moltissimo. Fate in modo che la respirazione si adegui al movimento regolare della bracciata: con il braccio destro in recupero inspirate, con il sinistro in recupero espirate. È solo un suggerimento, tuttavia, dovete sentire voi e solo voi, in base alla vostra capacità polmonare, quale potrà essere il *vostro* ritmo di respirazione.

Errori nella rana

Eccoci alla rana, sulla cui tecnica ci siamo dilungati nei dettagli. Gli errori più comuni riguardano in questo caso il coordinamento dei vari movimenti delle braccia e delle gambe, e l'innesto della respirazione. In particolare, analogamente all'eccesso di rollio tipico del dorso, qui può succedere che nella vostra nuotata tendiate ad accentuare i movimenti di alzata con inspirazione e di affondamento in fase di espirazione (vogliamo chiamarlo beccheggio?). Ma osserviamo nei particolari i difetti:

1. *La testa viene tenuta troppo alta*, con la conseguenza di far affondare le gambe. Ricordate che la testa ha un'oscillazione fuori/dentro l'acqua che va approssimativamente dall'attaccatura dei capelli quando siete immersi in fase di espirazione, al mento quando uscite a prendere aria. Evitate inoltre l'eccesso di oscillazione in verticale (emersione e affondamento). Per favorire lo scivolamento idrodinamico, che è tipico della rana, il tronco, dalle spalle al bacino, dovrebbe idealmente risultare immobile: non dovrebbe né emergere né affondare eccessivamente, ma restare appena sotto il livello dell'acqua.

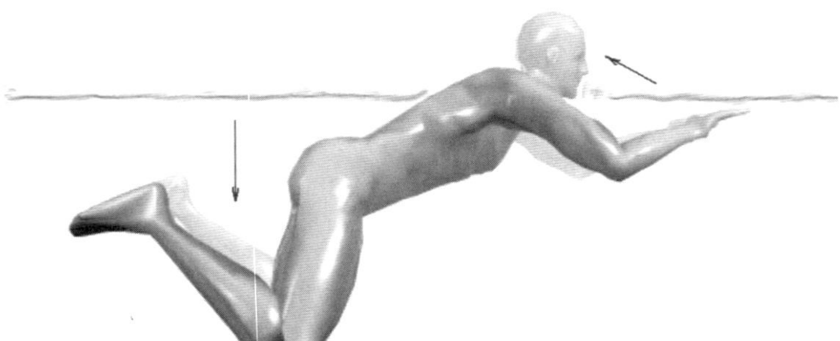

2. *Le braccia si muovono troppo in superficie* come se doveste accarezzare l'acqua. No, questa bracciata è inutile e inefficace. Pescate un po' sotto la superficie e tenete i gomiti alti per rendere efficace e propulsiva la forza dei vostri avambracci. Spingete l'acqua indietro, non di lato. Fate presa con le mani, non « lisciate » il pelo dell'acqua.
3. *La bracciata si allarga troppo verso l'esterno*: vale a dire supera la linea delle spalle, con l'impressione (errata) di maggiore spinta propulsiva. Nuotando a rana bisogna cercare di mantenere il corpo il più possibile in posizione « affusolata » per ottenere la massima penetrazione.
4. *Le gambe affondano oppure calciano fuori dall'acqua*: in entrambi i casi il vostro calcio, che nella rana è più efficace e propulsivo rispetto alla bracciata, è nullo. Se affondate, trascinerete tutto il corpo e dovrete compiere uno sforzo sovrumano per riemergere con la testa avanti; se calciate all'esterno, facendo uscire i piedi, schizzerete l'acqua invece di spingerla con la pianta del piede e fare forza su di essa per avanzare.

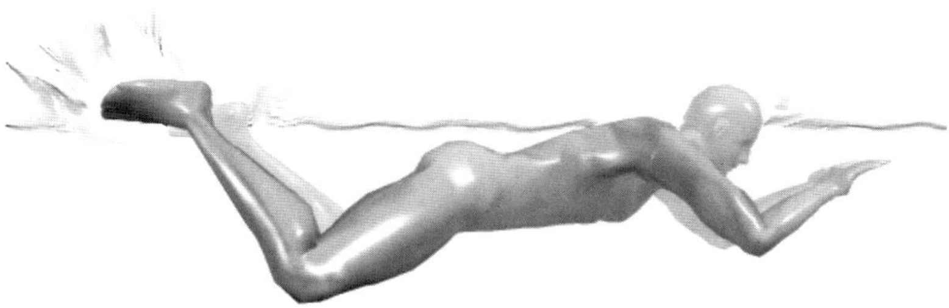

5. *Il piede calcia disteso* e in tal modo si limita a « tagliare » l'acqua. Sapete che il segreto nella nuotata a rana è un piede nella caratteristica posizione a martello: si usa solo per questo stile e asseconda, com'è naturale, la po-

tenza del calcio, come se appunto fosse il piede a dover spingere un oggetto (l'acqua!) lontano da voi. Esercitatevi a flettere il piede: flettete e distendete più volte. Quel lieve dolore, quella lieve tensione che vi sembrerà di percepire, scomparirà con l'esercizio continuo, con l'abitudine. Ricordatevi di flettere anche un poco verso l'esterno: insomma, chi ha i piedi piatti sarà... favorito.

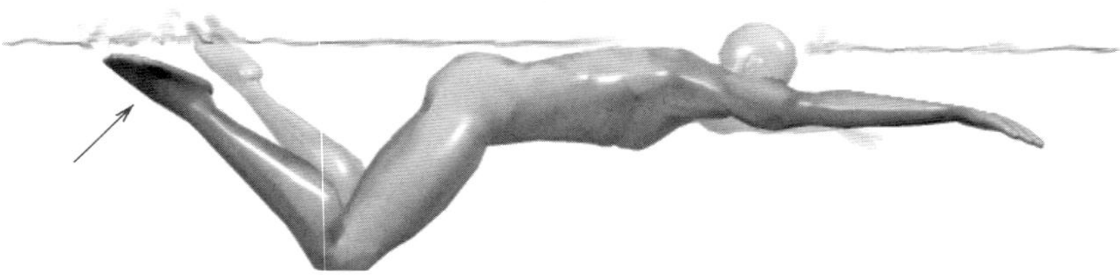

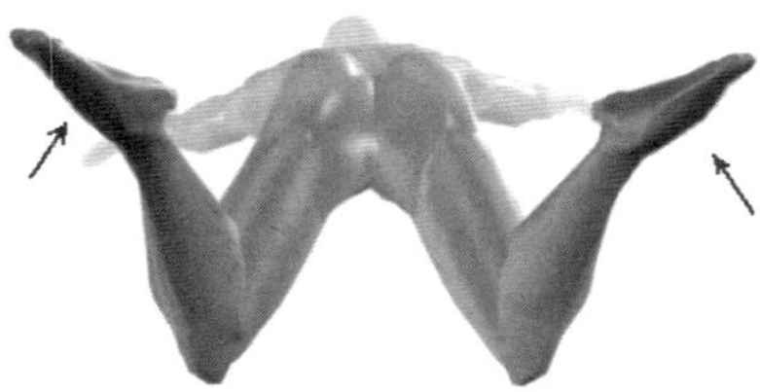

6. *Le gambe non calciano in simmetria*, ma una più alta, l'altra più bassa, oppure una prima dell'altra. Attenzione, il movimento delle gambe deve essere perfettamente simultaneo e simmetrico.

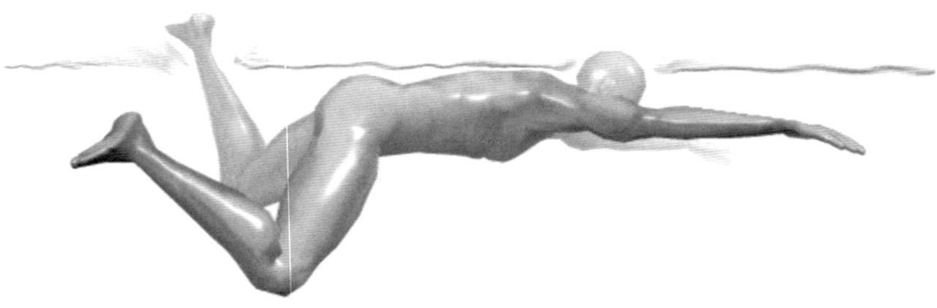

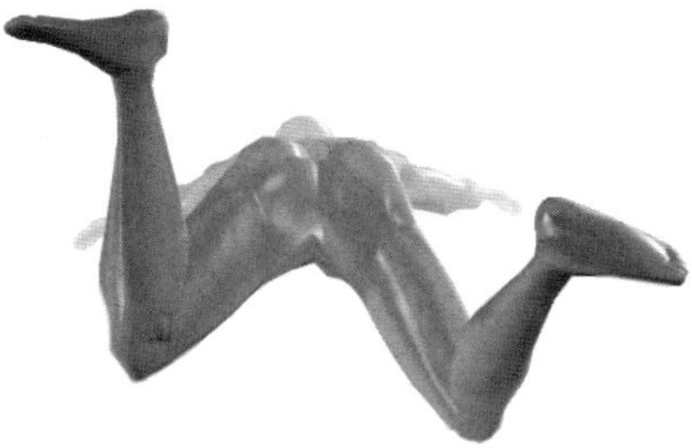

7. *Scoordinamento braccia/gambe*: la bracciata potrebbe essere troppo veloce e corta rispetto alle gambe o, viceversa, troppo lenta. È uno degli errori più comuni nei principianti. In entrambi i casi si sbilancia tutta la nuotata, costringendo il nuotatore a un rapporto sbagliato tra i due movimenti. Per esempio, due colpi di gambe per compensare una bracciata troppo lenta. Ci vuole solo esercizio e pazienza, concentrazione. Quando la nuotata sarà naturale, vi sembrerà impossibile non aver capito subito la corretta scansione. Attenzione, allora: tenderete a nuotare solo a rana, perché vi sembrerà di stancarvi meno.
8. *Respirazione anticipata o ritardata rispetto alla bracciata*: la correggerete « pensando » alla vostra testa che si alza quando le braccia si distendono e si distanziano sott'acqua. Quello è il momento di cominciare a emergere, perché le braccia in trazione tenderanno a farvi innalzare la testa senza sforzo e asseconderanno la tensione del collo in elevazione.

Errori nel delfino

E qui sono dolori... Lo ammetto, il delfino è il meno spontaneo degli stili, il più complesso, artefatto, e persino faticoso. Andatevi a rileggere gli errori più comuni della nuotata a stile libero: dal momento che i movimenti di braccia e gambe sono simili, analoghi potranno essere i difetti, fatta salva nel delfino la simultaneità e simmetricità delle braccia e delle gambe (che semmai dovrebbe facilitarvi). Mi limito a sottolineare che nel delfino è fondamentale una buona coordinazione dei movimenti: proprio questa viene a mancare almeno all'inizio, in fase di apprendimento, rendendo questo stile, che già è impegnativo, un vero e proprio supplizio. Con la *mancata coordinazione,* ci rimette anche la respirazione. Propongo un esempio pratico:

1. Le gambe non danno la necessaria battuta di elevazione (calcio in basso).
2. Le braccia in trazione non bastano a far alzare busto e testa.
3. Il busto non ha sufficiente spinta in alto, e la testa affonda.
4. La fase di inspirazione è compromessa.

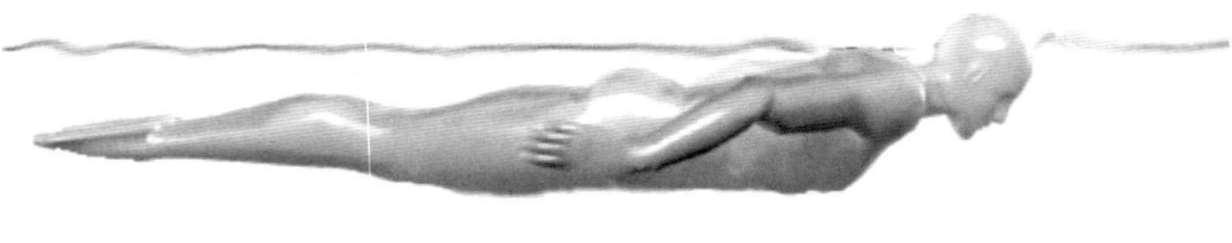

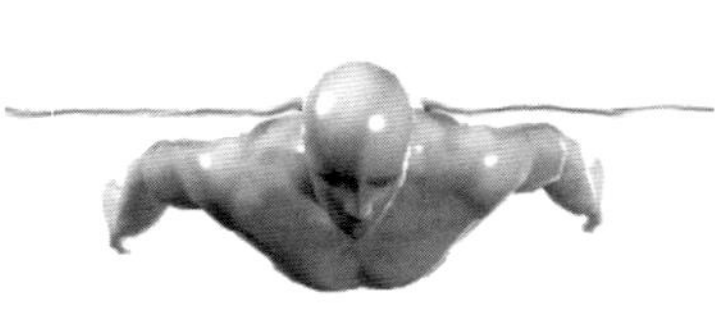

Sapete quali saranno le conseguenze? Provate a immaginarle, anzi no, sarebbe come dirvi: « buona bevuta ». Troppo crudele, da parte mia. Per farmi perdonare, vi darò un solo, fondamentale suggerimento: il delfino deve farvi pensare a quell'animale libero, giocherellone e atletico, che esce ed entra nell'acqua come se entrasse in enormi cerchi posti uno dietro l'altro, dentro e fuori dall'acqua. Una curva in su, una bella sterzata in profondità. Dentro e fuori, dentro e fuori, in alto e in basso. Come farà? Con le sue potenti pinne e con quel movimento ondulatorio che dovete sforzarvi di imitare, facendo forza sulle vostre anche: le pinne sono le vostre gambe. Un bel calcio a piedi uniti verso il basso (spingete con il dorso del piede), una bella spinta con i fianchi, mentre le vostre mani fanno perno sull'acqua, e voilà! Una magnifica elevazione. E poi un tuffo nelle onde: con la testa (non dirò il muso) in giù, adesso sì, vi è permesso guardare in basso. Flettete il capo, toccatevi lo sterno con il mento, mentre le vostre braccia ricadranno pesanti. Ma attenzione: non esagerate nel tuffarvi a capofitto. Più potente l'elevazione, più dolce e simulata la spinta sott'acqua; persino il secondo calcio delle vostre gambe si terrà un poco frenato rispetto al precedente. Se affondate troppo, se vi fate prendere la mano, sarà più arduo risalire. Oscillate con le anche e la parte inferiore del vostro corpo, ma tenete il busto sotto controllo rispetto a una linea ideale di galleggiamento e di scivolamento.

«Sentire» l'acqua

Se fino a questo punto avete seguito con attenzione e meticolosità le mie istruzioni, avete messo in pratica le prime nozioni di autosufficienza in acqua, vi sarete esercitati pazientemente nella tecnica dei vari stili, avendo l'accortezza di rilevare e correggere i vostri difetti, evviva! Siete finalmente promossi al rango di nuotatori. Non principianti, non dilettanti o semplici bagnanti: sapete, o dovreste sapere, nuotare bene. Il passo successivo potrebbe essere l'agonismo, se qualcuno di voi volesse e potesse affrontarlo. Dipende in primo luogo dalla vostra età anagrafica, in aggiunta a ottimali condizioni di salute e disponibilità in termini di tempo ad affrontare una vera attività professionale, sulla quale non mancherò di darvi qualche cenno generale.

C'è un breve, ultimo punto che mi preme approfondire, diciamo una sorta di piccolo capitolo che sta a metà fra la didattica puramente tecnica, i suoi risvolti di carattere psicologico e una somma di deduzioni acquisite dall'esperienza, dalla passione per il nuoto. Un argomento di sintesi, una chiusa a quanto sopra esposto, che va a suggellare con un tocco finale di perfezione, o perfezionismo (?), la vostra nuova carriera di nuotatori, ma che potrebbe costituire la condizione primaria e indispensabile per accedere a un superiore livello di specializzazione.

Che cosa significa « sentire » l'acqua? Significa qualcosa di più che saper nuotare. Significa nuotare immersi in un elemento che s'impara a percepire e a dominare con ogni muscolo del nostro corpo, con ogni centimetro della nostra pelle.

Sentire l'acqua sulle mani, sulle braccia, sulle gambe; fare leva su di essa per stare a galla, per spostarsi; spingerla nella direzione che noi stabiliamo, aprire un varco in essa, attraversarla: tutto questo non è solo frutto di una serie di norme che si tramandano da secoli e che si affinano e si perfezionano continuamente. Bisogna metterci una dose personale di iniziativa e di abilità, di adattamento soggettivo, perché l'acqua risponda alle vostre mani, alla vostra unica capacità di domarla. Insisto particolarmente sulle mani poiché non soltanto sono le depositarie di quei piccoli ma sostanziali movimenti per stare a galla (rileggetevi il capitolo sull'autonomia in acqua alta, in posizione verticale), ma anche perché sulle mani bisogna imparare a sviluppare e ad affinare quel grado di sensibilità necessaria per una corretta, efficace bracciata. Pressione + spinta = propulsione. Immergere la mano, il braccio in acqua, « sentire » l'acqua sotto il palmo della mano, fare presa, spingere l'acqua indietro per avanzare, correggere o regolare in fase di trazione la pressione dell'acqua sulla mano come un remo da manovrare il più efficacemente possibile, è qualcosa che niente o nessuno potrà trasmettervi, è il risultato di una sperimentazione personale, soggettiva.

Se avete imparato a non avere paura dell'acqua, anzi ad amarla, a immergervi e farvi sostenere, a rispondere all'abbraccio con ogni fibra del corpo, essa diventerà quasi il vostro secondo elemento. Quello nel quale vi muovete con la sicurezza e la grazia di nuotatori veri.

« Sentire » l'acqua è tutto questo e semplicemente questo. Ma è un passo in più da compiere affinché la vostra nuotata, il vostro stile perda quel tanto di rigido per apparire completamente naturale. « Sentire » l'acqua significherà allora aver sensibilizzato mani e piedi, testa e corpo, al punto che non sarà più necessario pensare. Nuotare significherà allora non soltanto scivolare sull'acqua, ma avanzare armoniosamente e senza nessuna fatica, con una propulsione continua e regolare, alternando lo stile che più vi aggrada, percorrendo in breve tempo lunghe distanze senza quasi accorgervene.

4

IL NUOTO AGONISTICO

Il passaggio da una generica pratica amatoriale al nuoto agonistico vero e proprio è caratterizzato dal fatto che si entra generalmente a far parte di una squadra sportiva, si effettuano regolari e impegnativi allenamenti, si partecipa a gare e competizioni. È chiaro che condizione imprescindibile per una scelta di questo tipo è l'età, innanzi tutto, e un buono stato di salute. Qui il discorso si limita, dunque, a ragazze e ragazzi che a partire dai 12-13 anni, in accordo con i genitori, decidano di affrontare un'attività che da dilettantistica diventa professionistica a tutti gli effetti. Naturalmente senza scopo di lucro: non si diventa ricchi in quanto campioni, semmai è la famiglia a doversi accollare l'onere economico che tale attività comporta nel suo complesso. In piena consapevolezza che l'agonismo assorbe una fetta di tempo e di concentrazione che, lungi dall'essere considerata primaria, deve conciliarsi con lo studio, o con il lavoro, e non sovrapporsi a esso sino a sacrificarlo. Diciamo che lo sport agonistico può addirittura costituire uno stimolo opportuno per imparare a organizzarsi con maggiore celerità, contribuendo a una pianificazione dinamica e redditizia della propria giornata. In parole povere, è più facile trovare uno studente svelto e sveglio a scuola tanto quanto in piscina, poiché è costretto in entrambe le sue occupazioni a far fruttare il doppio il tempo a sua disposizione, preparando in fretta e bene compiti e lezioni per andare ad allenarsi. L'agonismo può assorbire le esuberanti energie dell'adolescenza nella maniera più sana e proficua: l'atleta che ha un obiettivo – diventare un serio e abile nuotatore – non rischia la noia o, peggio, il pericolo di deviazioni, di cattive compagnie; inoltre la mentalità sportiva lo arricchisce di un atteggiamento leale, aperto, coraggioso e responsabile nei confronti dell'esistenza e del suo prossimo. Il nuoto di squadra favorisce la socializzazione, sblocca i caratteri più insicuri e timidi, regala l'emozione importante di un senso di appartenenza: quale gioia più grande del « tifo » di gara, quando i propri compagni incitano e sostengono con grida e brevi slogan di squadra? La squadra ha una propria divisa, di cui si è fieri, inventa un proprio inno di gara, ha codici di comportamento uniformi e uno spirito di corpo omogeneo, matura l'orgoglio per il proprio allenatore, che diventa una figura fondamentale di riferimento anche affettivo.

« Mens sana in corpore sano » non è un detto così banale e retorico come potrebbe sembrare, ha un fondo di verità per ciò che riguarda l'agonismo – di qualunque sport si tratti – al punto da suonare come una sorta di legge o principio-base. Ben lontana dal cadere io stessa in un'esaltazione quanto mai retorica dello sport competitivo, vorrei solo aggiungere che il passaggio da una scuola di apprendimento del nuoto a una squadra ufficiale è un traguardo importante e indimenticabile, specie quando si è « cercati » o « segnalati » con grande soddisfazione personale: può rappresentare uno di quei riti di iniziazione, di debutto, che negli anni non facili dell'adolescenza imprimono un segno, un ricordo, una tappa indelebili.

Nella stragrande maggioranza dei casi, dalla cronistoria dei nostri campioni nazionali di nuoto emerge un curioso e sintomatico elemento comune: da bambini questi atleti hanno cominciato il nuoto il più delle volte costretti loro malgrado, buttati letteralmente in piscina da genitori e medici per raddrizzare la schiena, combattere tonsilliti, raffreddori cronici e via di seguito. Nonostante le più fantasiose scuse inventate per non entrare in acqua (il mal di pancia è il lamento più banale e inefficace), i piccoli nuotatori imparano sotto la guida di abili istruttori, spesso ex-campioni a loro volta, ci prendono gusto, si perfezionano, crescono. Da ragazzi, sviluppati in modo armonioso e inconfondibile (spalle larghe e fianchi stretti per i ragazzi, vita e caviglie sottili per le ragazze), alcuni sono destinati a diventare campioni. Si sono a tal punto appassionati al nuoto, che la loro è diventata un'autentica pratica agonistica. Nuotando, allenandosi e gareggiando, poi, imparano a misurare se stessi, le proprie forze, la propria resistenza, lo spirito di sacrificio, la forza di volontà, l'istinto di competizione. Acquisiscono una mentalità sportiva, intraprendente. Più tardi, accantoneranno tra i ricordi piacevoli dell'adolescenza quella loro parentesi di grazia, di potenziamento fisico, di prestazioni eccellenti, di cronometri/medaglie/coppe, ma il nuoto, la capacità di muoversi in acqua con stile, come in un secondo elemento naturale, sarà ormai acquisita, come andare in bicicletta. Il ritmo sarà forse più lento, la bracciata meno efficace, il rendimento più faticoso, tuttavia sarà impossibile disimparare. Anzi, se si avrà la costanza di nuotare sempre, l'intero fisico ne trarrà giovamento, prolungando nel tempo tonicità ed elasticità. Una corporatura allenata al nuoto, anche in età avanzata, è abbastanza riconoscibile.

Brevi cenni storici

All'inizio del nostro secolo pare non esistesse una rigida separazione fra gare in piscina e in acque aperte e libere come soprattutto nei laghi. Verso la fine dell'Ottocento, per l'esattezza nell'estate del 1891, nacque in Italia il primo circolo ufficiale di nuoto, con sede in una baracca sul fiume Tevere, la Rari Nantes Roma, che prendeva nome da un verso dell'*Eneide* di Virgilio: « Rari nantes in gurgite vasto... ». I vari circoli Rari Nantes, ancor oggi sparsi in tutte le città, sono infatti tra i più antichi. A questa squadra, altre ne seguirono all'inizio del secolo in tutto il territorio nazionale, e per statuto, oltre a competizioni di nuoto, si praticava il salvataggio o « salvamento ».

Nel 1906, con un certo ritardo rispetto ad altre nazioni europee, fu fondato in Italia il Comitato Italiano per i Giochi Olimpici, il primo ente promotore e organizzatore di gare sportive, che alcuni anni dopo, nel 1914, divenne il CONI (Comitato Olimpico Nazionale Italiano), come ancora oggi è chiamato, con il compito di gestire complessivamente l'attività sportiva sul territorio italiano. Il 1928 segna invece l'anno di nascita della FIN (Federazione Italiana Nuoto), l'organizzazione che tuttora sovrintende ogni attività agonistica natatoria, sotto il diretto controllo del CONI.

Nel 1916 a Como si disputarono le prime gare, i primi Campionati Italiani, su distanze regolamentari (da ordinanze olimpioniche europee) e delimitate; mentre, a livello europeo, pare si disputasse solo nel 1924 la prima Olimpiade in piscina da 50 metri, la lunghezza tuttora omologata per competizioni internazionali.

Fu a partire dagli anni Cinquanta che si istituirono i primi centri italiani di addestramento al nuoto, in parallelo con la costruzione di impianti sportivi e di piscine. Nel giro di pochi anni si diffuse e crebbe la domanda di scuole di nuoto, e insieme di circoli e associazioni per la pratica agonistica. La storia dei nostri campioni di nuoto, che hanno saputo distinguersi anche a livello europeo, è costellata di personaggi che hanno regalato all'Italia medaglie e record prestigiosi e che il più delle volte sono poi diventati famosi allenatori. Non è certamente questa la sede per nominarli (rimanderò in bibliografia a pubblicazioni specifiche). Tuttavia è giusto ricordare la squadra nazionale, con sette giovani atleti, tutti fortissimi a livello europeo, scomparsa in circostanze tragiche nella sciagura aerea di Brema (gennaio 1966), una gravissima perdita per il nuoto italiano, mutilato allora dei suoi migliori esponenti: Carmen Longo, Luciana Massenzi, Daniela Samuele, Bruno Bianchi, Amedeo Chimisso, Sergio De Gregorio, Chiaffredo Rora. A essi va qui il mio ricordo personale, vivo come l'ultima sera che condivisi con loro – io, ancora alle prime armi – l'allenamento nella medesima piscina Cozzi a Milano.

Allenamenti

Gli atleti che vengono « ingaggiati » o chiedono di entrare a far parte di una squadra (in questo caso la scelta può dipendere soprattutto dai seguenti fattori: comodità logistica e vicinanza nel quartiere della piscina adottata, popolarità dell'allenatore e della stessa società, scelta di gruppo con amici e compagni) hanno l'obbligo di frequentare gli allenamenti settimanali stabiliti da ciascuna società: mattino presto o sera, durante l'inverno; l'intera giornata d'estate. Devono seguire i programmi collettivi studiati dall'allenatore, che di solito prevedono anche una buona dose di ginnastica preparatoria e di esercizi per il potenziamento muscolare (a corpo libero e con gli attrezzi). Gli allenamenti sono in genere faticosi: si macinano in vasca chilometri e chilometri, d'estate oltre una decina al giorno, con distanze ed esercizi variabili, e in tutti gli stili. Non è questa la sede per illustrare i programmi agonistici. È bene aggiungere tuttavia, a titolo informativo, che a vasche iniziali in scioltezza seguono esercizi di sole gambe, con le mani appoggiate alla classica tavoletta, evitando quanto si può il rollio delle spalle, o, ancora più faticosi, esercizi di sole braccia (cercando di tenere le gambe ben ferme, talvolta usando una cuscinetto, o una tavoletta, tra le cosce e incrociando i piedi per tenerli stretti, il che ha però lo svantaggio di far emergere troppo la parte inferiore del corpo). A distanze di « fondo » (dai 400 agli 800-1500 metri), nuotate con una buona « tenuta », si alternano « scatti » a cronometro su distanze brevi (50-100 metri), avendo sempre cura di tenere sotto controllo lo sforzo del cuore.

Ogni atleta poi avrà cura di esercitarsi soprattutto nella specialità che gli è congeniale in gara. Il che presuppone a volte che l'allenatore studi « programmi personalizzati », tenendo anche conto del differente livello di rendimento dei suoi atleti, anche per ciò che attiene all'età, al sesso, all'esperienza, e così via.

Tutto questo presuppone che lo stile di nuoto sia stato messo a punto a livelli ottimali, ma non esclude che sia necessario intervenire ancora, di tanto in tanto, su piccoli difetti o dettagli minuti della nuotata che esigono allora un lavoro a parte, sul singolo atleta, di scomposizione del movimento e di perfezionamento.

È chiaro che un atleta che pratica l'agonismo per periodi più o meno lunghi della sua vita (ricordiamo tuttavia che gli anni cruciali di massima potenza, l'apice per così dire della carriera, coincidono con gli anni dell'adolescenza, per ragioni che sono anche di facile intuizione), presenta un fisico che si distingue per lo sviluppo muscolare, la tonicità, l'armoniosità complessiva del corpo, a prescindere dalle particolarità morfologiche che alcuni stili, come la rana o il delfino, accentuano. A ciò contribuisce un lavoro collaterale di potenziamento muscolare che si effettua in palestra, privilegiando esercizi che favoriscano lo sviluppo di fasce muscolari coinvolte nei vari stili, le articolazioni (spalla, braccia, gambe, polsi e caviglie, collo, ecc.), l'agilità e la forza, persino facendo ricorso a pesi, sotto diretto controllo di seri tecnici o addirittura medici sportivi. Con l'occasione sfatiamo qui un luogo comune: non è vero che l'interruzione della pratica agonistica porta a un ingrassamento improvviso e sgradevole. È vero semmai il contrario: che il potenziamento muscolare perdura e non lo si perde tanto facilmente. L'ipertrofia muscolare, vale a dire lo sviluppo in eccesso della massa muscolare, tipica di chi fa nuoto agonistico, diminuisce con una certa gradualità, sino ad attenuarsi del tutto quando si smette l'allenamento. È consigliabile però non chiudere drasticamente la parentesi agonistica, ma diminuire per gradi l'impegno o, meglio, conservare nei limiti del possibile l'abitudine permanente al nuoto, o all'esercizio fisico, per prolungare nel tempo il beneficio che certamente contraddistingue coloro che hanno praticato uno sport a livello specialistico.

Comportamento in vasca, in allenamento e in gara

Le **piscine** possono essere di diversa lunghezza, per esempio esistono anche vasche di allenamento di 25 e 33 metri. La vasca regolamentare, da competizione, dove sono riconosciuti record a livello internazionale, è quella classica da 50 metri. La temperatura dell'acqua non dovrebbe essere inferiore a 24°C.

Le **specialità** di gara partono da un minimo di 50 metri a un massimo di 1500 metri; le competizioni sono inoltre suddivise per fasce d'età (generalmente juniores e seniores) e comprendono anche gare di staffetta a squadre. Oltre ai quattro stili canonici che abbiamo visto, esiste anche la specialità dei « misti », vale a dire una gara effettuata in tutti e quattro gli stili canonici, su differenti distanze, con una sequenza che comprende nell'ordine: delfino, dorso, rana, crawl. In staffetta l'ordine cambia: dorso, rana, delfino, crawl.

Come ho avuto modo di accennare, sono le competizioni di carattere agonistico che determinano nel corso del tempo lievi o sostanziali modificazioni di stile. Spesso è un singolo atleta, dietro suggerimento dell'allenatore, o l'intera squadra di una nazione che, di propria iniziativa, mette in pratica cambiamenti o adattamenti, « personalizzando » alcuni dettagli. Spetta tuttavia alla Federazione decidere quando tali piccoli cambiamenti possano entrare a far parte di un patrimonio comune, quando cioè codificare legalmente una variante di stile oppure procedere a una regolare « squalifica » quando l'atleta non rispetti il decalogo delle regole istituzionalizzate.

La **vasca**, sia per gli allenamenti sia in assetto di gara, viene generalmente suddivisa in corsie, con corde munite di galleggianti, per tutta la lunghezza. Durante gli allenamenti in una stessa corsia nuotano diversi atleti che, per non intralciarsi, devono « tenere rigorosamente la destra », come nella circolazione stradale, e superarsi a sinistra solo dopo essersi assicurati che non provenga un nuotatore in senso contrario. Ecco l'importanza di tenere sempre gli occhi aperti. È bene non perdere mai di vista, e d'orecchio, l'allenatore che di continuo percorre la vasca su e giù, camminando sul bordo, per seguire da vicino i suoi allievi.

In gara, il nuotatore si terrà quanto più possibile al centro della corsia, agevolato – per andare diritto – dalla linea nera centrale sul fondo vasca, per evitare di intralciare e arrestare il movimento delle braccia con i cordoni di galleggiamento. Controllerà di tanto in tanto la posizione dei suoi avversari, respirando da entrambi i lati, a stile libero, « sbirciando » negli altri stili, per forzare la sua andatura nel caso si trovasse nelle retrovie.

Due sole parole sul **riscaldamento**. Che significa questa parola? Avete presente quando si accende una macchina e si fa « riscaldare » il motore prima di muoversi? Se proviamo a considerare i muscoli e le articolazioni come una sorta di motore (e di fatto lo sono poiché determinano la propulsione in acqua), è chiaro che una partenza « a freddo » può non sviluppare immediatamente l'energia necessaria per un buon rendimento. In genere, prima di ogni competizione, gli atleti hanno a disposizione una mezz'ora circa, talvolta di più, per nuotare in scioltezza, per riscaldare muscoli e articolazioni, per irrorare i vasi sanguigni e ossigenare i polmoni.

Questo breve riscaldamento in acqua è di vitale importanza anche per i più pigri, che detestano bagnarsi. L'importante è, al termine del riscaldamento, fare una buona doccia calda, asciugarsi bene, coprire e tenere in caldo i muscoli sino alla « chiamata », cioè al proprio turno. Avete mai notato quando, nelle competizioni, gli atleti si avvicinano ai blocchi di partenza, nella corsia loro assegnata dai giudici di gara, come sono « bardati », vestiti a strati di cui progressivamente si liberano, continuando a massaggiarsi e a muoversi, ruotando le braccia, sciogliendo i muscoli dei polpacci, respirando anche rumorosamente? Questi riti di preparazione hanno forse un che di teatrale, a volte, ma fanno parte di un approccio alla gara volto anche a tenere sotto controllo l'inevitabile tensione emotiva.

Partenze e tuffi

Apro una parentesi utile anche a quanti non praticano l'agonismo, ma desiderano imparare un approccio corretto e completo al nuoto in piscina per ciò che riguarda il bordo vasca: come si parte, da fuori o in acqua, e come si può, nuotando, arrivare a toccare il muro e girarsi.

Durante la fase di apprendimento del nuoto ho accennato a tuffi in acqua per gioco, semplicemente saltando in piedi, buttandosi in acqua seduti o rannicchiati alla meglio. Attenzione, mai tuffarsi così o, peggio, con rincorsa, in una piscina affollata: si è un pericolo per sé e per gli altri. Il **tuffo** vero e proprio presuppone una tecnica che ora vi illustrerò in dettaglio.

Supponiamo che vi tuffiate semplicemente dal bordo della vasca. Dovrete avvicinare i piedi quanto più possibile al bordo, anzi cercate di assecondare con le dita la curvatura del bordo, piegandovi e facendo presa con le dita dei piedi, che stanno lievemente distanziati fra loro (20-30 cm). Piegatevi sulle ginocchia, il tronco in avanti, la testa leggermente sollevata guarda avanti, il bacino indietro a bilanciare l'equilibrio, le braccia tese un poco indietro, ma non troppo, altrimenti correte il rischio di sbilanciarvi e cadere in acqua troppo presto, senza controllare il vostro assetto. Datevi una bella spinta in avanti con le gambe come per un salto, estendendo ginocchia e caviglie e portando le braccia in avanti tese, con le palme in basso. Piedi e caviglie assecondano per ultime la vostra spinta propulsiva, staccandosi dal bordo. A questo punto abbassate la testa e allineatela in mezzo alle braccia (che sfiorano le orecchie) al resto del corpo. Il dorso dei piedi è ben teso, a fare linea unica con la gamba. Le mani dovrebbero essere le prime a fendere la superficie dell'acqua. Dico « dovrebbero », altrimenti si avrebbe la classica « spanciata » rumorosa, cioè l'entrata di piatto in acqua, che vi assicuro fa male e vi arrossa le gambe. Il corpo entra in posizione allungata e idrodinamica e fende l'acqua nello stesso punto dove mani e braccia hanno aperto un varco; successivamente, per evitare un affondamento eccessivo, la testa si alza lievemente e le mani, che fanno da timone, piegano anch'esse lievemente verso l'alto per farla riaffiorare. Quando sentirete che state per raggiungere la posizione di galleggiamento in superficie e che la spinta sta per esaurirsi, cominciate prima la battuta di gambe e subito dopo la bracciata.

Nelle competizioni agonistiche la differenza sta nel fatto che la partenza non si effettua dal bordo vasca ma da un blocco di partenza in cemento, situato al limitare del bordo e che alza di poco il nuotatore, con la conseguenza di aumentare la spinta e la curvatura dell'entrata in acqua. In tutte le **gare di nuoto** la regola stabilisce che il nuotatore stia in posizione eretta, con entrambi i piedi sul **blocco di partenza**, pronto ad assumere la posizione raccolta di assetto per il tuffo. Al primo segnale del giudice di partenza (« A posto! »), i concorrenti si spostano sul bordo anteriore del blocco di partenza, assumono la medesima posizione che ho descritto sopra. Quando tutti sono pronti e immobili, il giudice darà il secondo segnale, in genere un colpo di pistola, e i nuotatori si slanceranno in acqua. Le cosiddette « partenze irregolari » o false partenze, vengono bloccate da un secondo colpo di pistola e, se necessario, dall'abbassamento del dispositivo o cordone di bandierine sospese in alto a pochi metri dal bordo, di norma a 15 metri dal bordo di partenza e a 2 metri di altezza. Si verificano quando un concorrente si butta in avanti prima degli altri e prima del segnale di partenza, vale a dire dello sparo. Due false partenze consecutive di uno stesso atleta provocano squalifica.

Queste norme valgono per tutti gli stili, la cui partenza si effettua dall'esterno della vasca nello stile libero, nella rana e nel delfino, eccetto il dorso che prevede un'entrata in acqua, senza precise regole, con tuffo o da seduti, lasciandosi scivolare, e una partenza regolamentare dal bordo, che qui di seguito andiamo a descrivere. Un'ulteriore precisazione: la partenza dei tre stili suddetti è identica eccetto l'angolazione dell'entrata in acqua, che, nel caso della rana, aumenta (nel crawl e nel delfino è di circa 15 gradi, nella rana di 20), per permettere al nuotatore di scendere a maggiore profondità e di effettuare una lunga trazione delle braccia e una potente battuta di gambe subacquee prima di iniziare la risalita in superficie.

Vediamo ora la **partenza a dorso**. Il nuotatore è in acqua. Può tuffarsi e tornare con alcune rapide bracciate a stile libero verso il bordo. Il dorso è infatti l'unico stile che prevede una partenza già « bagnati » e non « a freddo » come gli altri stili. Si aggrappa con entrambe le mani alle maniglie di appoggio sulla parete della vasca; tiene i piedi leggermente distanziati, appoggiati con le punte alla parete, al di sotto della superficie. Al primo segnale del giudice di partenza (« A posto! »), il nuotatore si rannicchia quanto può su se stesso, piegando gambe e braccia, facendo forza sui bicipiti, avvicinando la testa alle mani e alla parete; al secondo segnale (colpo di pistola), si dà un forte slancio con i piedi e le gambe, distendendole, inarca la schiena aiutandosi con la testa che si spinge indietro (il mento in alto), mentre le braccia, con un movimento di apertura e distensione laterale a palme in basso, si portano sopra la testa a fendere la superficie, a mani unite. Dopo una lieve immersione, quando il corpo è in posizione idrodinamica, inizia la battuta di gambe e, quasi in contemporanea, la bracciata.

In tutte le partenze si inizia con una profonda inspirazione; in acqua, anche a dorso, si espira gradatamente. È più lenta l'espirazione nella lunga scivolata subacquea della rana. Prontezza di riflessi, rapidità e potenza sono i requisiti ovviamente essenziali per buone partenze, che, ai nuotatori più abili, possono regalare secondi decisivi e centimetri di vantaggio.

Gli errori più frequenti nelle partenze.

Per ciò che riguarda il tuffo si deve tenere presente quanto segue:

1. Le braccia non si devono spingere troppo indietro, al di sopra della schiena e dei fianchi, con le palme completamente rivolte in su. Si rischia di sbilanciare l'equilibrio.

2. La testa deve guardare avanti diritta, né troppo alta, né troppo bassa.
3. La posizione è rannicchiata, le ginocchia sono flesse, non distese, ma senza esagerare come se si stesse seduti sui talloni. Il peso del corpo preme sulle punte dei piedi.
4. I piedi non devono essere troppo distanziati, le gambe troppo larghe. La distanza ideale è 15-30 cm.

Nella partenza a dorso, dall'acqua:
1. Le braccia compiono un movimento di apertura e slancio laterale, non di movimento verso l'alto, e assecondano la spinta dei piedi e delle gambe, non devono scattare sopra la testa quando i piedi sono ancora attaccati alla parete.
2. Lo scatto indietro del corpo non deve innalzare troppo il nuotatore al di sopra del livello dell'acqua, facendolo pesantemente ricadere. Lo slancio, inarcando le reni, facendo forza sugli addominali, dovrebbe seguire un'ideale linea orizzontale, parallela alla superficie dell'acqua.

Il meccanismo della virata nei vari stili

Una premessa: i regolamenti di gara prevedono che, a seconda dello stile, il nuotatore tocchi la parete in virata con una parte del corpo qualsiasi (crawl), con una sola mano (dorso), con entrambe le mani in contemporanea (rana, delfino). Inoltre, durante la virata, non è consentito toccare con i piedi il fondo della vasca o, peggio, camminare. All'arrivo, il nuotatore deve toccare almeno con una mano la parete. Anche sott'acqua: il tocco fatidico determina l'arresto del cronometro da parte dei giudici di gara preposti al rilevamento dei tempi, pena la squalifica. Per competizioni di lunga percorrenza, i giudici di gara che controllano la virata, di solito segnalano al concorrente con apposite tabelle, battute sul bordo o sulla parete, il numero di vasche residue. Nelle gare a staffetta, il concorrente in arrivo deve toccare la parete e solo allora il compagno in partenza può tuffarsi. Se si lancia in acqua in anticipo viene squalificato.

Virata a capriola nello stile libero

In genere, quando si nuota a livello non agonistico, e non si ha l'esigenza di « bruciare » preziosi secondi di tempo, si arriva alla parete, ci si può aggrappare agli appositi corrimano, si appoggiano i piedi, si ruota comodamente il busto, dando la schiena alla parete, e ci si spinge con un colpo di gambe. Il nuotatore in gara, in teoria, può svoltare come crede, toccando la parete con una qualsiasi parte del corpo, fatte salve le regole generali. La virata più veloce è tuttavia la « virata a capriola » che, se bene eseguita, permette persino un buon recupero su altri concorrenti. Il meccanismo è un po' complesso, ma vediamolo almeno nella sequenza elementare.

Il nuotatore deve tenere strettamente d'occhio la parete, calcolare (e favorire) una distanza ideale e regolare alla sua bracciata in modo che un braccio si trovi teso avanti e l'altro arresti la sua fase di recupero, fermandosi lungo il fianco. Flettendo la testa verso il basso (mento quasi allo sterno), dando un colpo di gambe unite a ginocchia piegate, con le palme verso il basso per favorire la spinta, si effettua una capriola o una semicapriola. I piedi non devono passare sopra la testa, ma leggermente spostati a destra. Il tronco infatti deve ruotare, girarsi su un fianco, effettuando una mezza torsione, e raddrizzarsi rapidamente, mentre le gambe si distendono e i piedi si danno la spinta per scivolare in avanti a braccia tese e a mani unite. Soltanto con la pratica, l'esercizio e l'esperienza, si possono imparare tempi e modi corretti di virata, evitando di capriolare troppo lontano, troppo presto o, al contrario, troppo sotto la parete, dando anche una spinta con i piedi realmente propulsiva.

Virata a capriola nel dorso

Stesso discorso dello stile libero, con la differenza che la capriola è ancora più ridotta e incompleta, se così si può dire. Il nuotatore infatti, arrivato alla parete, tocca con la mano (palmo rovesciato) sopra la testa, piega il braccio avvicinandosi, flette le ginocchia, gira le gambe raccolte lateralmente, in fuori e sopra la superficie dell'acqua. La spinta delle gambe fa ruotare il corpo; le gambe successivamente affondano, i piedi si appoggiano con le punte alla parete (mai toccare con i calcagni), mentre le braccia si portano tese sopra la testa per prepararsi ad assecondare la spinta e la riemersione. La testa fa da timone anche in questo caso per regolare il ritorno in superficie.

Virata a delfino

Il nuotatore deve toccare la parete della vasca simultaneamente con entrambe le mani, alla medesima altezza, evitando di tirarsi troppo in alto e di emergere eccessivamente con le spalle. Successivamente una mano si stacca dalla parete, avvicinandosi al petto; le gambe si raccolgono sotto il corpo, con le ginocchia piegate. Torsione del busto; anche l'altra mano si stacca ed entrambe puntano unite e tese in avanti; nello stesso tempo i piedi puntano sulla parete e spingono. In questa fase di raccoglimento e di spinta la testa è lievemente al di sotto della superficie dell'acqua, in fase di espirazione. Come negli altri due stili, crawl e dorso, sono le gambe a iniziare per prime il loro movimento propulsivo, appena prima delle braccia.

Virata a rana

È simile alla precedente a delfino, vige la medesima normativa. La sola differenza riguarda, analogamente al tuffo, l'angolazione di spinta subacquea che deve dirigersi un pochino più in profondità (ma non troppo, altrimenti sarà arduo risalire) per permettere al nuotatore di eseguire, sempre sott'acqua, un ciclo completo (ma uno solo, pena la squalifica) di braccia e di gambe (trazione e colpo), prima di riemergere. Questa spinta e nuotata subacquea deve essere rapida e potente; in caso contrario farà perdere secondi determinanti.

Il nuoto pinnato e gli altri attrezzi

Accenno soltanto in questa sede che esiste, a livello agonistico, un'ulteriore specialità: il nuoto pinnato. Essa si effettua naturalmente con l'ausilio di pinne particolarmente lunghe, fino a 70 cm, e di solito su distanze brevi da scatto. Una sola vasca di 50 metri, che solitamente nella parete d'arrivo viene imbottita, per evitare il rischio di sbattervi violentemente, a causa della velocità elevata. La virata con le pinne sarebbe infatti un po' disagevole.

Più che approfondire il discorso sul nuoto pinnato, interessa qui spendere due parole sull'utilizzo di attrezzi ausiliari al nuoto.

Le **pinne**: sul mercato ne esistono diverse varietà, per tutti i gusti. A parte quelle lunghe, per il nuoto pinnato, più o meno flessibili, che possono causare seri danni ai muscoli e alle articolazioni delle gambe, per chi non le sa usare bene, le pinne variano in lunghezza (le più corte misurano circa 10 centimetri), forma e colore. Il materiale, invece, in genere è identico, più o meno pesante o rigido. Diciamo subito che nuotare con le pinne può essere divertente, può regalarvi l'esaltazione, il brivido, soprattutto in mare, della velocità. Le pinne, quando non sono esagerate, calzano bene, e quando si sanno usare (la gambata varia, vale a dire rallenta, assume un ritmo completamente diverso, e persino più faticoso, che va imparato, esercitato) rafforzano i muscoli delle gambe, irrobustiscono i polpacci e favoriscono, aumentandola, la flessibilità del movimento che parte dall'anca e si fa più ampio, più ondulato. Attenzione però allo sforzo sulle caviglie deboli, che possono dolere. Meglio usare le pinne nello stile libero e nel dorso. Proibitive, per ovvie ragioni, visto che producono solo resistenza, nella rana; sconsigliate nel delfino, anche se il calcio di gamba pinnata rende apparentemente più facile l'elevazione, ma a lungo andare fanno male le ginocchia, per lo sforzo congiunto, che invece nella gambata alternata può contare su potenza da una parte e recupero-riposo dall'altra.

Evitate, anche per gioco, le pinne lunghe che sfalsano completamente il movimento delle gambe, rendendolo eccessivamente ampio e lento.

Le pinne si possono mettere anche... alle mani! Esistono delle **pinne palmate**, dei guanti speciali che raddoppiano la potenza delle vostre bracciate. Anche in questo caso può essere divertente, si può persino ottenere l'effetto di irrobustire i muscoli delle braccia. Con pinne ai piedi e alle mani si può avere l'illusione di diventare creature acquatiche un po' speciali.

Ma in conclusione, se volete sapere che cosa consiglio ai veri nuotatori: nuotate « al naturale », senza attrezzi inutili, senza stravaganti parafernalia (la moda è sempre pronta a inventarsi novità superflue), nuotate con la forza e l'agilità del vostro corpo, sfruttandone al meglio le peculiarità e le abilità acquisite. Gli attrezzi introducono comunque nell'andatura sciolta che avete imparato con tanta pazienza un che di artificioso, un ritmo che non è quello corretto, costringendovi quasi sempre a disimparare i movimenti, con il rischio di forzare la vostra muscolatura e di provocarvi crampi.

Nuoto e medicina: i disturbi più frequenti

Abbiamo già accennato al fatto che la pratica costante del nuoto esige controlli medici periodici. Ciò è tanto più vero per un agonista, che, prima di iniziare l'attività e, successivamente, di tanto in tanto, dovrà sottoporsi in particolare ai seguenti **esami**: esame spirometrico, per misurare il volume d'aria inspirata ed espirata dai polmoni, elettrocardiogramma, a riposo e sotto sforzo, esame delle urine. Si è anche segnalato il pericolo « verruche » in agguato per chi frequenta abitualmente le piscine.

Qui, sintetizziamo in poche note i disturbi più frequenti, che naturalmente possono colpire i nuotatori, da quelli occasionali agli agonisti.

Piede: oltre alle verruche, si segnala la « micosi » (arrossamenti, vescicole o scagliette di pelle che si staccano, soprattutto tra le dita del piede; qualche volta la micosi può interessare altre parti del corpo, come inguine, ascelle, genitali). È consigliato in questi casi non trascurarne gli effetti, non dolorosi ma fastidiosi e inestetici, consultando un dermatologo. Sono sempre consigliate calze o ciabattine, soprattutto ai bordi della vasca e negli spogliatoi.

Occhi: sono frequenti varie forme di irritazione, specie in chi è allergico al cloro, il disinfettante diluito nell'acqua delle piscine. La forma più grave è la congiuntivite, una forma infettiva virale e contagiosa, che colpisce in genere prima un occhio, poi si estende all'altro. Si cura con pomate o colliri antibiotici. Consigliati gli occhialini che aderiscono perfettamente alla zona perioculare. Di recente è stata messa a punto una cuffia speciale con occhialini incorporati, a lenti doppie, che riduce l'attrito dell'acqua ed evita l'appannamento.

Orecchie: si possono manifestare varie forme di irritazione o infezione del condotto uditivo esterno (anche micosi), che danno prurito. Il dolore nell'orecchio interno è un segnale d'allarme dell'otite, la forma più acuta e dolorosa, che si cura – sotto controllo medico – con antibiotici in gocce o pomate. Le orecchie vanno asciugate con particolare cura e tenute pulite, evitando la dannosa abitudine di insistere esageratamente con i bastoncini di cotone. Un eccesso di cerume va eliminato in sede ambulatoriale dall'otorino. L'uso di tappi auricolari è consigliato solo a coloro che hanno un orecchio particolarmente delicato e sensibile. In commercio ne esistono un'infinità di varianti, dalla cera, alla gomma, al silicone. Comunque, se si può, meglio farne a meno.

Naso: la sinusite causa infiammazione dei seni paranasali, ristagno di muco infetto e dolore alla fronte e alle zone intorno a occhi, naso, zigomi. Ma bisogna considerare che esistono soggetti predisposti e cure preventive. È sconsigliato vivamente l'uso delle « pinzette » o « mollette chiudinaso », e ormai dovreste darvi da soli una spiegazione: nuotando è fondamentale la respirazione simultanea naso-bocca. Tappare il naso significa effettuare una parziale respirazione (a parte il fastidio).

Genericamente possono manifestarsi dolori e indolenzimenti all'articolazione della **spalla**: a parte il sospetto che tali disturbi siano da imputarsi a movimenti della bracciata eseguiti scorrettamente, è consigliabile tenere presenti gli esercizi mirati di riscaldamento.

I **crampi** possono colpire i nuotatori, ai piedi e alle mani, alle gambe, più frequentemente, con quel tipico dolore paralizzante: meglio fermarsi e massaggiare, riscaldare la zona colpita. L'effetto crampo è spesso prodotto da freddo e stanchezza, ma in piscina è più raro rispetto a corsi d'acqua, di mare, di lago, di fiume, attraversati da correnti.

Lo stress dell'agonista

È chiaro che la scelta dell'attività agonistica impegna gran parte delle risorse fisiche e mentali di un individuo, e non tutti se la sentono di sottrarre energie per esempio al tempo libero, ai divertimenti, oltre al dovere quotidiano dello studio o del lavoro. È anche vero che non tutti possiedono la struttura necessaria per affrontare tale fatica; in altre parole, non sono conformati nel complesso della loro personalità, corpo o indole, per misurarsi in senso competitivo, per sviluppare una vera « grinta », indispensabile nelle gare. Non a caso preferisco evitare il termine « aggressività », che ha una connotazione piuttosto negativa. Questo non significa che si debba necessariamente essere superdotati e che l'agonismo comporti una sorta di selezione naturale; anzi metodicità, volontà, pazienza, tenacia sono componenti altrettanto determinanti e compensatrici, se vogliamo, per i soggetti apparentemente più deboli. Ci vuole costanza e resistenza per affrontare la lunga marcia acquatica degli 800 e 1500 metri, per macinare vasche su vasche. E ci vogliono fiato e muscoli... « lunghi »; mentre gli « scattisti », che si misurano a colpi di centesimi di secondo, hanno generalmente muscoli « corti » e potenti, più adatti allo scatto appunto, allo sviluppo immediato della forza.

Gareggiare, competere, misurarsi con avversari può comportare ansia e nervosismo. Ogni atleta deve imparare a conoscere e valutare le proprie potenzialità e i propri meccanismi di controllo nervoso. Avete mai notato i nuotatori che poco prima di gareggiare, quando salgono sui blocchi di partenza, si fanno il segno della croce? Ebbene, non significa che tutti gli altri siano, per esclusione, non credenti o addirittura atei. Significa soltanto che quell'atleta compie un gesto che lo tranquillizza, lo protegge idealmente, gli dà forza, lo libera dall'angoscia. In una parola un gesto scaramantico per « esorcizzare » l'emozione. Ce ne sono mille altri e, se vi abituerete a guardare le gare in televisione, non avrete che da affinare lo spirito di osservazione per cogliere i più diversi, originali e personali meccanismi di difesa.

Alla lunga lo « stress » può lavorare a livello sotterraneo, inconsapevole, ed è giusto sapere che, in un atleta « pompato » (mi si passi il termine), dalla famiglia che proietta in lui le proprie ambizioni irrealizzate, dall'allenatore che lo sottopone a un iperallenamento, dalla squadra che ne fa l'elemento di punta, il campione da esibire, può succedere che qualcosa, nell'equilibrio generale, si spezzi e vada in frantumi. Lo « stress », o malattia del nuotatore, può arrivare a limiti di intollerabilità e si manifesta con una sorta di « rifiuto dell'acqua », un senso di nausea che prende entrando in piscina anche solo per un semplice allenamento di routine. Una breve pausa, una distrazione di settimane o mesi, può attenuare o eliminare del tutto questo stato psicologico o psicosomatico; ma è bene che spetti all'atleta la decisione finale sul proprio destino. Continuare o abbandonare l'attività agonistica è un quesito ragionevole e importante: nessuno, tranne il nuotatore stesso, può « sentire » quando arriva il momento cruciale per una scelta definitiva, comunque senza pentimenti o rimpianti.

5

NUOTO, FITNESS, DIETA: COME CURARE E MIGLIORARE IL VOSTRO CORPO

Tutta questa fatica per imparare a nuotare, e poi? A qualcuno di voi verrà voglia di pensare che tanto sacrificio non valeva la pena di compierlo: d'inverno, soprattutto, quando piove o fa freddo, chi se la sente di andare in piscina, buttarsi in acqua, non sempre tiepida, bagnarsi, insomma vincere la pigrizia di starsene acquattati (no, forse non è il termine più appropriato, perdonatemi il gioco di parole) a casa, al caldo?

E invece no: con il nuoto, ora possedete un patrimonio prezioso, una risorsa da mettere a frutto. Il nuoto è un'assicurazione sulla vostra salute. Il nuoto vi permetterà di mantenere il vostro corpo in perfetta forma fisica tutto l'anno, non solo d'estate quando al mare potrete sfoggiare la vostra abilità.

Benefici del nuoto

Nuoto è scultura del corpo, è benessere e salute, e inoltre comporta un ineguagliabile massaggio totale, il massaggio idrico. Soprattutto per chi fa di norma una vita sedentaria, il nuoto regala curve armoniose, muscoli tonici, combatte la ritenzione idrica, l'obesità, la cellulite, il rilassamento muscolare, e mantiene magre, forti, atletiche, dinamiche. Parlo al femminile perché ho citato la cellulite, notoriamente «risparmiata» agli uomini... ma il discorso vale per tutti.

Per farvi un esempio pratico, volete sapere gli effetti dei vari stili sulle vostre parti del corpo e come «usare» al meglio la tecnica per curare certi «punti deboli»? Eccovi un prontuario sintetico dell'azione mirata delle nuotate.

Stile libero: agisce sui muscoli delle spalle, delle braccia e delle gambe, sugli addominali.

Dorso: agisce sull'articolazione delle spalle, sulla schiena, la colonna vertebrale, sugli addominali, sui glutei.

Rana: agisce sui pettorali, sui bicipiti, sulla muscolatura della gamba, coscia e polpacci, sulle caviglie.

Delfino: agisce sulle spalle, sul torace, sui pettorali, sugli addominali, sulle anche.

Fitness in acqua

Di recente l'aumentata attenzione dei «media», il moltiplicarsi di articoli su riviste femminili o periodici specializzati in fitness, ha contribuito a incrementare e differenziare la domanda e insieme la proposta di attività in piscina sempre più mirate e nello stesso tempo facili, alla portata di tutti, anche su un piano economico, accessibili a un pubblico vasto, non di soli specialisti.

Lo sapevate che in acqua, quando ormai avete imparato a starvene a vostro agio come in un secondo elemento, potete anche praticare tutta una serie di esercizi alternativi che neanche immaginate, per favorire la vostra forma fisica, combattere lo stress, la stanchezza, i gonfiori alle gambe?

Il nuoto sincronizzato

Accenno soltanto, ma non tratto in questa sede, alla tecnica del nuoto sincronizzato, un'autentica specialità femminile che si apprende soltanto in scuole specializzate e prevede anche competizioni a livello agonistico. È comunque una sorta di ginnastica in acqua, meglio sarebbe definirla una danza, eseguita da nuotatrici provette, dotate di grande capacità respiratoria (si sta sommersi, sotto sforzo, anche a lungo), armonia, grazia, equilibrio e, insieme, potenza muscolare. Consiste nell'eseguire figure in solitario o in squadra, in parziale emersione del tronco o della parte inferiore del corpo, con estrema lentezza, senso del ritmo, eleganza. Un'eleganza che non deve lasciar trasparire l'enorme sforzo, la fatica, la tensione fisica che il nuoto sincronizzato comporta. Gli effetti sono sempre estremamente suggestivi, artistici.

Avete mai sentito nominare (non posso dire « ricordate », si andrebbe troppo in là con gli anni) una famosa attrice americana, Esther Williams? Fu campionessa olimpionica di nuoto prima di esordire nel cinema, accanto a Johnny Weissmüller, altro campione di nuoto. Fu il primo a nuotare i 100 metri stile libero al di sotto dei 60 secondi. Uno tra i memorabili interpreti di Tarzan sullo schermo. Insieme, e poi lei da sola, interpretarono « riviste » o « commedie acquatiche » musicali negli anni Quaranta. Ebbene, si può dire che fu Esther Williams, robusta ma aggraziata, dotata di buona ma armoniosa muscolatura, la pioniera del « nuoto sincronizzato », che successivamente fu canonizzato e introdotto tra le specialità natatorie.

La ginnastica in acqua o « gymnuoto »

Cominciamo dalla forma più semplice di movimento, che

non richiede l'uso di attrezzi speciali, e che si può praticare ovunque, in piscina come al mare. La ginnastica in acqua è particolarmente indicata anche per chi debba eseguire una rieducazione degli arti, a seguito di traumi, fratture o incidenti. Più divertente, rispetto all'attività in palestra, ha il vantaggio di facilitare i movimenti in totale assenza di peso.

In acqua, potete camminare, saltare e correre sul posto, alzando bene le ginocchia, danzare, fare la bicicletta. Pedalare su un'immaginaria bicicletta acquatica giova agli addominali. Potete remare: con le braccia tese in avanti, palme in fuori, spingete verso l'esterno, poi riunite vigorosamente le braccia a palme unite.

Provate a eseguire alcuni esercizi che normalmente fareste in palestra, a secco. Saranno più lenti, ostacolati dalla resistenza dell'acqua, vi renderanno più difficile l'equilibrio, ma proprio per questo faranno bene.

Esercizi in acqua bassa

1. Sedetevi con le mani appoggiate a terra, vicino alle cosce, e con le braccia tese. Stendete le gambe, con le punte dei piedi allineate e tese. Eseguite il movimento delle gambe del dorso, corto e veloce, per 10 volte. Riposate, poi ripetete altre 10 volte. Si tratta di un esercizio molto utile per gli addominali.
2. Come il precedente, con una piccola variante: invece di battere le gambe come nel dorso, eseguite rapide sforbiciate dall'interno verso l'esterno, sopra e sotto. Ripetete 10 volte.
3. Sedetevi con le mani appoggiate dietro la schiena e le braccia tese. Portate entrambe le ginocchia al petto e poi slanciate le gambe verso l'alto, fuori dell'acqua, con le punte dei piedi ben distesi. Ripetete l'esercizio 10 volte.

4. Mettetevi in ginocchio con le palme delle mani poggiate a terra, all'altezza delle spalle. Stendete rapidamente indietro prima una gamba, poi l'altra, in linea perfetta con la schiena (che ne trarrà beneficio). Ripetete anche questo esercizio 10 volte.
5. In piedi, piegate le ginocchia fino a entrare sott'acqua con tutto il corpo. Sollevate le braccia davanti a voi e incrociatele ponendo le mani sui gomiti. Sapete eseguire la « danza cosacca »? Sarà uno scherzo, in acqua.

Esercizi in acqua alta con la testa e le spalle emerse

1. Con un saltello, divaricate le gambe e portate le braccia tese in alto, sopra il capo. Poi riunite le gambe, braccia in basso, lungo il corpo, rilassate. Ripetete 10 volte.
2. Afferrate il dorso del piede con una mano e spingete indietro la gamba, poi avvicinate il tallone ai glutei (sentirete contrarsi i muscoli della coscia). Ripetete l'esercizio alternando le gambe, 10 volte a gamba.
3. Appoggiatevi alla parete della piscina, o tenete le mani di qualcuno che vi sorregge. Sollevate alternativamente una gamba, avvicinando il ginocchio al petto e poi spingete, calciate indietro sino a distendere la gamba, compreso il piede, che va sempre tenuto flesso con le punte distese. Fatelo 10 volte.
4. In piedi, alzate le braccia di lato, in linea con le spalle (posizione della croce) e tenetele tese in questa posizione. Sollevate una gamba, piede teso, alzando il ginocchio sino a formare un angolo di 90 gradi. Poi ruotate verso l'esterno (la coscia si troverà parallela alle braccia), riunite. Eseguite il movimento 10 volte. Ripetete l'esercizio con l'altra gamba.
5. A braccia tese, afferrandovi con le mani al bordo della vasca, o facendovi tenere da qualcuno alle vostre spalle, con la schiena alla parete, con un movimento oscillato-

rio che parte dall'anca, stendete le gambe, compreso il piede, verso destra e poi, dondolando, verso sinistra. L'esercizio va ripetuto 10 volte. « Il pendolo » è ottimo per i fianchi.

6. Divaricate le gambe, alzate le braccia di lato, tese a croce. Piegate i gomiti, portando le mani al petto con palme in giù e le punte delle dita che si toccano. Adesso ruotate il busto prima a destra, poi a sinistra. Tendete le braccia ogni volta che tornate in posizione frontale di partenza. Ripetete l'esercizio 20 volte.

Esercizi per rassodare il seno (per le donne)

1. In piedi, divaricate le gambe e piegate i gomiti, palmo contro palmo all'altezza del petto. Spingete forte una mano contro l'altra; breve pausa di rilassamento. Ripetete 10 volte.

2. Ancora a gambe divaricate, stendete le braccia davanti a voi, con le palme verso il basso. Ruotate le braccia, quello destro in senso antiorario, quello sinistro in senso orario, per 10 volte, poi cambiate il senso della rotazione e ripetete altre 10 volte. Fate forza con le mani sulla resistenza dell'acqua. Ripetete l'esercizio con le braccia dietro la schiena (sarà più faticoso).

Esercizio per l'addome

1. Stando in piedi, con i gomiti piegati, muovete le braccia a mulinello, cercando di dirigere l'acqua contro la pancia. Riposate, ripetete per alcuni secondi almeno 3-4 volte.

Esercizi per rassodare le cosce

1. Fate una corsa laterale a saltelli, poi correte in avanti indietro. Fate una breve pausa tra una corsa e l'altra.

2. Sollevate una gamba alla volta, ginocchio al petto. Quindi portate il ginocchio in fuori, formando un angolo di 90 gradi. Ripetete con l'altra gamba, almeno 10 volte. Per non perdere l'equilibrio tenetevi aggrappati con le mani al bordo vasca.
3. Alzate alternativamente una gamba e poi l'altra, e spingendola avanti tesa, provate a eseguire la danza del « can-can ». Continuate per 1 minuto.

Vi ho indicato e descritto brevemente solo alcuni esercizi di ginnastica in acqua. Ce ne sono un'infinità. La pratica del *gymnuoto*, per usare un termine tecnico, si è diffusa a partire dalla fine degli anni Ottanta. Esistono sull'argomento pubblicazioni specialistiche, alle quali rimando in bibliografia, che vi propongono fino a un migliaio di varianti. Spesso, nei centri specializzati, la musica accompagna i movimenti con un ritmo ideale: insomma, una specie di « aerobica acquatica ». La durata di una seduta di *gymnuoto* varia dai 15 ai 30 minuti.

Il « gymnuoto » nella vasca da bagno

Una forma domestica e semplificata di *gymnuoto* si può praticare anche a casa, in una vasca da bagno nella quale ci si possa distendere completamente (non a « semicupio »), riempita a metà di acqua a temperatura sui 30°C. Se volete sciogliervi sali minerali oppure oli essenziali, ancora meglio. Essa diventerà per voi un'ideale *gymvasca*, nella quale eseguire alcuni dei movimenti braccia e gambe che potrete divertirvi a inventare a piacere. Qui mi limito a proporvi alcuni esempi molto facili.

1. Sedetevi nella vasca e aggrappatevi con le mani al bordo, tenendo le gambe ben distese, piedi uniti e flessi, in

linea con la gamba. Sollevate e abbassate le gambe unite almeno 5 volte.

2. Distendetevi nella vasca. La mano destra è appoggiata sul fondo della vasca, dietro la schiena per tenervi in equilibrio. Ora alzate leggermente il busto e toccate con la mano sinistra il ginocchio destro che avrete fatto emergere dall'acqua, piegando leggermente la gamba. Ripetete, cambiando gamba (la mano destra tocca il ginocchio sinistro), tornando sempre a distendervi. Ripetete almeno 5-6 volte. Ottimo esercizio per i fianchi.
3. Mettetevi in ginocchio e appoggiate le palme delle mani sul fondo della vasca, davanti a voi. Ora stendete indietro alternativamente prima una gamba, poi l'altra, tenendo sempre diritta la schiena. È un ottimo esercizio per i glutei. Eseguitelo 10 volte per gamba.
4. Mettetevi in ginocchio, seduti sui talloni con le gambe lievemente divaricate. Il busto emerge, le mani invece sono sott'acqua. Spingete con le palme a remo l'acqua contro la pancia e la parte interna delle gambe, muovendo le braccia avanti e indietro, come una sorta di idromassaggio. Continuate per 2-3 minuti.

Ginnastica acquatica con attrezzi

La ginnastica nell'acqua o *acqua-training* o *acqua-fitness* (con una terminologia ancora più esotica potete trovarla indicata anche come *aqua-aerobic, aqua-body-sculp, swim-gym, aqua-power,* varianti di uno stesso concetto di *fitness-training acquatico*) potete complicarla mediante l'uso di attrezzi, per un nuoto accessoriato (un po' sui generis) che potenzia l'efficacia dei vostri movimenti. Vediamo alcuni esempi.

Lo step: vi permette di eseguire l'« acqua-step », per combattere efficacemente la cellulite. Gli esercizi sono identici a quelli dello step normale, a secco, forse più fluidi per le vostre articolazioni. Si eseguono in acqua tra 80 e 140 centimetri di profondità.

I guanti palmati: li abbiamo già incontrati. Servono ad aumentare la resistenza dell'acqua su mani e braccia; dunque sono consigliati per tutti gli esercizi che insistono sui pettorali (nelle donne rassodano il seno, negli uomini rinforzano il torace).

Le scarpe antiscivolo: sono d'aiuto per mantenere l'equilibrio nei saltelli, nella corsa acquatica, negli esercizi con lo step.

Le racchette da piede: com'è facile intuire, sono delle specie di racchette che, tramite una fascia che si stringe opportunamente sul collo del piede, contribuiscono all'aumento della resistenza dell'acqua e dunque al potenziamento dei muscoli delle gambe, impegnati in tutti quei movimenti come la bicicletta, la corsa, i saltelli.

Il paracadute: è proprio un paracadute in miniatura che trattiene l'acqua nella sua convessità e oppone resistenza alle braccia quando lo impugnate, una mano alla volta, il braccio teso indietro, e provate a camminare o correre trascinandolo; oppure al corpo intero, quando lo legate alla vita. Attenzione, qui le scarpe antiscivolo sono indispensabili.

I pesi: da impugnare (galleggianti) o legare a polsi e caviglie per potenziare la muscolatura.

I manubri galleggianti: servono da appoggio, per mantenere l'equilibrio, e per il potenziamento.

Il giubbetto antigravitario: sostiene il corpo in posizione verticale in acqua alta.

Il marsupio: allacciato ai fianchi, nuotando si riempie d'acqua e fa da elemento frenante, per potenziare la muscolatura, anche quella che di norma resta meno attiva.

Le palle di gomma: servono per compiere movimenti in superficie e sotto.

Come vedete, si tratta solo di applicare a una dimensione acquatica tutti gli espedienti che già conosciamo per rassodare, snellire, tonificare.

Varietà di piscine: la «piscina infinita», la «camera di galleggiamento»

Cambiamo alcune caratteristiche della piscina e otterremo altrettante varianti al nuoto, o alle tecniche di rilassamento in acqua.

Le due vasche in completa opposizione tra loro, per chi vuole nuotare intensamente oppure per chi desidera un galleggiamento riposante, sono la piscina infinita e la camera di galleggiamento.

La piscina infinita (*endless pool* o *countercurrent pool*): sfrutta la possibilità di nuotare «controcorrente» appunto, quasi stando fermi e quindi consentendo una nuotata infinita, senza mai toccare la parete di fondo; il sogno privato di ogni nuotatore esperto. Cinque metri di lunghezza, per due e mezzo di larghezza, con un generatore di corrente a velocità variabile in testa, che produce una corrente contraria alla vostra direzione di nuotata e blocca il nuotatore sul posto, anche il più vigoroso ed esperto. La velocità si può regolare in base alla forza, alla durata e alla distanza che si vuole percorrere. Uno specchio (elemento optional) permette persino di osservare la corretta dinamica della bracciata. Il tutto svolge anche un'efficace azione di idromassaggio. Un filtro speciale dota la piscina di un sistema di purificazione non a cloro, ma a ionizzazione. Prodotta negli Stati Uniti, anche per uso personale, sta approdando, a costi non proprio economici, anche in Europa.

La camera di galleggiamento: per i pigri che non se la sentono di nuotare controcorrente, ma desiderano semplicemente rilassarsi, ecco una vasca, inventata anch'essa negli Stati Uniti nel 1954, dal neurofisiologo John Lily, per studiare le condizioni di deprivazione sensoriale, vale a dire l'eliminazione di stimoli esterni che causano tensione. Oltre 30°C di temperatura, abbondante sale (circa 500 kg) per aumentare il galleggiamento, è una sorta di cupola (2,40 metri di lunghezza, 1,60 di larghezza e 2 di profondità), alla quale si accede mediante un portellone, e in cui ci si può abbandonare, preferibilmente al buio, in silenzio o talvolta con un sottofondo musicale, per ottenere una condizione di massima tranquillità. In genere la seduta, meglio dire il galleggiamento in posizione supina, dura poco meno di un'ora, per essere veramente efficace. A braccia e gambe distese, allargate quanto basta per raggiungere un rilassamento totale, e a occhi chiusi, si dondola sull'acqua per dimenticarsi di sé ed eventualmente dei propri mali, che possono essere: tensioni, dolori, ansia, depressione, attacchi di panico, insonnia, emicrania, artrite reumatoide, strappi muscolari, lussazioni, infiammazioni articolari e muscolari, psoriasi, eczemi.

La terapia in vasca con il delfino

È una terapia un po' particolare, dedicata soprattutto ai bambini disabili (nei casi di autismo, handicap mentale e motorio, depressione). Viene spesso praticata all'estero, per esempio in Florida e in Israele. In Italia esiste un solo centro, presso il Delfinario di Rimini, dove è stato introdotto da una psicoterapeuta romana, Marina Giuseppini.

Studiata negli anni Settanta da uno psicologo americano, David Nathanson, si basa su un'interazione di gioco e simpatia tra l'individuo e un animale particolarmente affabile e allegro, mansueto e intelligentissimo, quale è il delfino. In acqua, tutto è reso più facile, più fluido, da una generale condizione di assenza di stress. Il delfino nuota e fa capriole intorno al bambino, sino ad arrivare a un contatto vero e proprio, delicato e quasi affettuoso.

Vari tipi di massaggio in acqua

Oltre al massaggio idrico svolto naturalmente dall'acqua, è possibile praticare in vasca, in centri specializzati, diverse forme di massaggio.

L'aqua balancing: è un metodo di *body-work*, messo a punto da due ricercatrici tedesche. Si effettua in una vasca di acqua calda, non profonda, con un operatore, in due fasi, una a pelo d'acqua, la seconda sott'acqua (dai 30 ai 60 minuti di durata). All'inizio, sorreggendo la persona con una mano sotto la testa e l'altra sotto le ginocchia, l'operatore effettua una serie di movimenti dolci di danza, di rilassamento, con leggere torsioni, trazioni, allungamenti. Successivamente si introducono graduali immersioni, lente e brevi, sempre in una dimensione di rassicurante abbraccio.

Rebirthing: nato negli anni Settanta negli Stati Uniti, significa « rinascere ». È una tecnica particolare di respirazione in tre fasi (profondo-lento, profondo-veloce, superficiale-veloce) con l'obiettivo di ottenere un'iperventilazione o iperossigenazione dei polmoni, un rilassamento e un recupero graduale dell'armonia interiore. Si svolge preferibilmente in vasche e centri specializzati all'aperto.

Watsu o **shiatsu in acqua**: arriva dalla California, inventato nel 1980 da Harold Dull, che, dopo aver studiato in Cina la tecnica della digitopressione, ha mescolato pratiche orientali e occidentali, mettendo a punto una terapia di benessere per curare nevrosi, ansia, depressione, stanchezza, problemi di circolazione, traumi, disturbi della colonna vertebrale. Si effettua in acqua tiepida, 35°C, termale, all'aperto e con un istruttore, al quale ci si deve affidare a occhi chiusi, non soltanto letteralmente, in una condizione di rilassamento totale. Il *watsu*, termine che nasce dalla fusione di « water » e « shiatsu », comporta una serie di esercizi di stretching, contrazioni dolci e allungamenti, torsioni, il tutto diretto e favorito dall'operatore. Una sorta di danza acquatica, in un abbraccio al quale ci si deve abbandonare passivamente, senza muovere un solo muscolo e liberando la mente, facendola navigare sull'acqua, insieme al corpo, senza pensieri.

Una volta apprese queste tecniche, potete proporle ad amici e parenti, a figli e coniugi. Al mare, per esempio, quando siete in vacanza e dunque nelle condizioni ottimali di assenza di stress, con l'acqua salata che per di più vi sostiene splendidamente, perché non provate? Una buona ginnastica, un bel massaggio, un'efficace terapia di rilassamento in compagnia sono spesso utili e benefici quanto una nuotata. Non avete fatto mai caso alla gente che al mare si butta in acqua e... « sguazza »? Non nuota, non sfrutta l'acqua per esercizi, si limita a stare ferma, guardandosi attorno. Il bagno diventa così una sorta di « dovere » sbrigativo e quasi sgradevole. Voi avrete imparato a nuotare e a muovervi in acqua con grande naturalezza. Date un esempio della vostra abilità. Molti avranno voglia di imitarvi.

Alimentazione e dieta

Il nuoto, la ginnastica in acqua, come qualunque altra attività fisica, comportano dispendio di energie, fanno consumare calorie, con il solo vantaggio che non si suda apparentemente, ma ci si può comunque disidratare. Presuppongono pertanto una dieta equilibrata, che – nel caso dei nuotatori agonisti – deve essere anche particolarmente ricca e abbondante, sebbene composta di cibi di facile digeribilità e di rapida assimilazione. D'altro canto, nuoto e *gymnuoto* non danno risultati miracolosi in fatto di dieta dimagrante, mettiamocelo bene in testa: chi vuole perdere peso con gradualità deve trovare, in base alla propria morfologia e al proprio metabolismo, un giusto equilibrio tra l'attività fisica e le abitudini alimentari, che devono seguire elementari criteri di giudizio, di moderazione e soprattutto di corretta igiene. Guardatevi anche dall'andare in piscina saltando i pasti: è decisamente sconsigliato, e del tutto inutile.

Alimenti consigliati

Come per altri sport, una corretta alimentazione non deve far mancare sulla tavola, in giusta proporzione i seguenti elementi:

Zuccheri o **carboidrati**: 50-60 per cento della razione calorica giornaliera. Fonti alimentari: pane, pasta, riso e cereali.

Proteine: 15-20 per cento. Fonti alimentari: carne, pesce, uova, latticini, cereali e legumi.

Grassi: 25-30 per cento. Fonti alimentari: latte, carne, burro e olio (meglio extravergine).

Vitamine: meglio se ci sono tutte. Fonti alimentari: frutta (soprattutto arance e mele) e verdura (meglio se cruda).

Sali minerali. Sono particolarmente importanti i seguenti:

calcio, fonti alimentari: latticini;
fosforo, fonti alimentari: carne, pesce, pollame, latticini, pane, cereali, verdure, noci;
potassio, fonti alimentari: latticini, frutta secca, avena, grano;
sodio, fonti alimentari: sale da cucina;
ferro, fonti alimentari: fegato, verdure, legumi, cereali, frutta secca.

Si consiglia inoltre di bere tanta acqua (chi ce la fa, anche d'inverno, almeno due litri al giorno), di evitare i cibi fritti o piccanti, gli alcolici, e di fare un uso moderato di caffè. Da proibire assolutamente il fumo: un nuotatore deve poter contare su polmoni sani e in massima efficienza.

Quanti pasti al giorno?

Alcuni medici sportivi raccomandano 5 pasti leggeri, che sarebbero più efficaci rispetto ai 3 di norma. La scelta dipende da diversi fattori, non esclusa l'età e il tipo di vita, le abitudini quotidiane. La vita domestica presenta indubbi vantaggi, almeno da questo punto di vista, rispetto a una vita d'ufficio con orari rigidi, oppure una vita in perenne spostamento.

Avendo l'accortezza di rinviarvi alle molte pubblicazioni sul tema, diamo qui alcune regole essenziali per i pasti di una giornata-tipo.

Colazione: è sempre meglio abbondare. Latte o yogurt o tè, pane o fette biscottate con marmellata o miele, spremuta d'arancia. Facoltativi: frutta, cereali, formaggio.

Pranzo: meglio farinacei, pasta o riso, verdure, frutta, piuttosto che carni o cibi ricchi di proteine, ma di più lunga digestione.

Cena: carne o pollo, uova, formaggio, legumi, frutta.

A metà mattino e metà pomeriggio, chi può spezzi la giornata con spremute di arance, cracker, banane, tè con biscotti, gelato.

Avvertenza: un nuotatore dovrebbe evitare di farsi allettare da quei prodotti altamente energetici, ma sostitutivi o integrativi del pasto, e di imbottirsi di complessi vitaminici ad alto potenziale... di inutilità. Meglio gustarsi un buon pasto tranquillo; meglio una sana, completa alimentazione mediterranea.

Nuotare per mantenersi in forma: un programma di base

Il nuoto può e dovrebbe, a ogni età, diventare abitudine e alternativa alla palestra o alle altre attività sportive, purché non si tratti di sport che irrigidiscono polsi e caviglie, come per esempio il pattinaggio. Serve per mantenere una forma fisica ottima sul piano della salute, dell'efficienza, della tonicità muscolare. Anche della bellezza, perché no? Il nuoto è una scelta di vita, una filosofia dell'esistenza che ristabilisce l'equilibrio ideale tra corpo e mente, tra muscoli e testa, è una forma completa di fitness, di benessere, di armonia.

Il nuoto può trovare un suo spazio divertente e rilassante tra le attività della giornata, lo studio e il lavoro, soltanto se si pratica in assenza totale di stress, di tensione. Se la mezzora o l'ora di piscina si trasformano, in una giornata, in una corsa affannata contro il tempo, addirittura in sostituzione della pausa di colazione, meglio rinunciare. Dovendo per forza scegliere tra una nuotata mattutina e una serale, è preferibile alzarsi dal letto con un po' di anticipo e sciogliere i muscoli prima di affrontare la routine o la fatica quotidiana; se proprio non si può fare altrimenti, teniamoci la sera per una nuotata tonificante, prima di dormire, magari in compagnia e in alternativa a cinema e televisione, quando nel quartiere ci sia una struttura facilmente accessibile. Ma si deve tenere presente che la stanchezza, accumulata nel corso di un'intera giornata, può appesantire braccia e gambe, affaticare la respirazione. Inoltre, la tonicità, l'effervescenza messa in azione da una nuotata anche breve, può a volte inibire il sonno, anziché favorirlo.

È chiaro che le variabili in gioco per un programma di base sono tante, troppe perché si possa trovare un minimo comune denominatore, adatto a ogni età, sesso, tempo a disposizione. Il buon senso, l'esperienza e i suggerimenti di medici dello sport mi spingono a consigliare di norma a chi ragionevolmente può considerarsi un nuotatore discreto, di livello medio (certo non a un principiante o a chi sceglie di praticare l'agonismo, ovviamente) il seguente programma.

Una o due nuotate almeno ogni settimana da 30 a 45 minuti di durata per un minimo di 600 metri (12 vasche da 50 metri) fino a un massimo di 1000 metri, ovvero un chilometro (20 vasche da 50 metri), di distanza percorsa per ogni nuotata.

Questo è un programma di base che si può ragionevolmente mettere in pratica anche durante la pausa pomeridiana, con l'avvertenza – nel caso – di non dimenticare di asciugarvi bene, soprattutto capelli e orecchie, e di non trascurare di alimentarvi, al termine della vostra nuotata.

Ciascuno sarà libero di adattare tali indicazioni di massima alle proprie esigenze, di variare tale programma secondo le proprie effettive capacità e prestazioni. Non abusate delle vostre forze e della vostra resistenza: iniziate sempre con un programma di sforzo graduale e bilanciato; incrementate soltanto se vi sentite sicuri di non « strafare ». Tenete una specie di diario, di tabella di marcia, dove annoterete la progressione degli allenamenti, delle distanze percorse, del tempo impiegato: potrete meglio tenere sotto controllo le vostre performance, i vostri miglioramenti. Se decidete di farlo, nuotate con una certa regolarità che renderà tutto più facile. Buttarsi in piscina immediatamente prima dell'estate, per modellare il vostro corpo, farlo rientrare nei costumi prima delle vacanze, e nuotare pochi giorni o poche settimane, sarà inutile e poco salutare.

6

NOTE DI PRUDENZA E DI... SALVATAGGIO (L'ACQUA È ANCHE RISCHIO)

L'acqua ormai dovrebbe essere diventata la vostra amica... non vorrei dire la migliore, e vi spiego subito perché. Non dimenticate di essere sempre estremamente prudenti in qualsiasi situazione: in piscina, al mare, al lago, nei fiumi. L'acqua è amica di chi sa nuotare, ma può tradire anche i nuotatori più esperti se dimenticano alcune semplici regole di comportamento che possono evitare di trovarsi in situazioni di disagio e di pericolo.

In piscina non si deve mai prendere pericolose rincorse e buttarsi dai bordi laterali a caso senza fare attenzione alla gente in acqua. Sul pavimento spesso bagnato e scivoloso si rischia di cadere e di farsi male seriamente. Peggio ancora quando ci si butta in compagnia, a gruppi, o quando si cerca di buttare in acqua qualcuno che non ne ha la minima intenzione. Si è solo un rischio per sé e per gli altri bagnanti.

In vasca si deve rispettare l'andatura per il lungo. Possibilmente non controcorrente; se ci sono i galleggianti di corsia va rispettata la destra. Non attraversate in larghezza o trasversalmente le corsie.

Occorre tenere presente che non si deve mai entrare in acqua se almeno non sono trascorse due ore da un pasto normale: gettarsi in mare, d'estate, quando fa caldo, durante la fase della digestione, è pericolosissimo. La congestione è in agguato e ci si può anche... lasciare le penne. Per di più se siete accaldati, surriscaldati, dopo ore passate distesi al sole, attenzione: non entrate di colpo, bagnatevi i polsi, la nuca e lo stomaco per far scendere la temperatura corporea, entrate in acqua gradatamente.

Ogni estate sembrano farsi più numerosi e allarmanti gli episodi di drammatici annegamenti. Pare di scorrere un bollettino di guerra: al mare, ai laghi, nei fiumi, dal nord al sud, è ancora incredibilmente alta la percentuale di gente che muore affogata. Un italiano su tre non sa nuotare, affermano le statistiche. Niente male per un popolo di navigatori come il nostro, per un paese così ricco di acque da pensare che tutti, o quasi, possano desiderare di immergervisi e saper stare a galla. Eppure la gran parte degli incidenti si deve a imprudenze, sconsideratezze, spesso ingenuità colossali o ignoranza.

Ogni mare, anche quello che crediamo di conoscere bene, nasconde insidie. Evitate di spingervi troppo al largo, mettendo in allarme il bagnino: potrebbero esservi correnti fredde che causano crampi, potreste spaventarvi per qualche incontro imprevisto (meduse) e perdere il controllo, bere; potreste essere talmente stanchi da non riuscire a rientrare a riva, specialmente se la corrente vi porta in senso contrario e vi rende arduo il ritorno. Gorghi, mulinelli invisibili in superficie potrebbero trascinarvi sul fondo: ricordate bene, cercate di non perdere la calma, rilassatevi quanto potete, mettetevi in posizione di galleggiamento sul dorso. La forza centrifuga vi spingerà fuori, vi « sputerà » in superficie. In generale, il galleggiamento sul dorso, in ogni situazione difficile, può aiutarvi a riacquistare forza e coraggio, a riprendere agevolmente fiato, a rilassare i muscoli contratti da un crampo, a prendervi una pausa di riflessione con la testa emersa, prima di rimettervi in movimento. Rilassatevi e respirate profondamente: l'agitazione produce movimenti sconnessi, vi fa affondare, vi fa ingoiare acqua.

Se la regolamentare bandierina rossa segnala « mare grosso », non sfidate l'ira del mare, non fate i gradassi. Non usate materassini con onde e mare agitato, vi potrebbero trascinare al largo o troppo lontano. Il mare in questo caso costituisce un rischio anche per i nuotatori più esperti che fanno eccessivo affidamento sulle proprie capacità, ma il mare può tradire chiunque.

Attenzione quando siete al largo con pattini o pedalò: non tuffatevi se non siete sicuri di nuotare bene, non tuffatevi troppo sotto il pattino. Peggio se si tratta di gommoni. Di moto acquatiche e motoscafi non mi metto neanche a parlare. Non buttate in acqua chi è insicuro credendo che, con un tuffo brutale e spinto da necessità, quello, magari un figlio, un parente, un amico, si ingegni a stare a galla. Gli provochereste solo un trauma che sarebbe difficile fargli dimenticare. Questo metodo drastico, in uso un tempo, per insegnare a nuotare, è del tutto insensato: può ottenere solo l'effetto di bloccare per sempre chi è stato gettato di colpo in acqua.

Se almeno l'acqua salata del mare vi tiene più facilmente a galla, laghi e fiumi d'acqua dolce sono ancora più insidiosi per le correnti, i vortici, la freddezza dell'acqua che potrebbe paralizzarvi.

Se qualcuno vicino a voi si trova in situazione di panico, nei limiti del possibile potete intervenire, solo se la situazione non è tragica. Ricordate che è sempre meglio prendere di spalle chi è in difficoltà, indurlo in posizione di galleggiamento sul dorso, e successivamente, tenendolo per il mento o il collo con una mano e con l'altra sorreggendolo sotto le spalle o la schiena, cercare di trascinarlo verso riva nuotando. La nuotata più efficace è a gambe a rana sul dorso, dato che avete le braccia impegnate. Perché di spalle, e perché si cerca di girarlo sul dorso, invitandolo alla calma? Se uno non riesce a ragionare per la paura, si aggrapperà spasmodicamente e con ogni mezzo al suo salvatore, col rischio di trascinarlo sul fondo. Se capite che non siete in grado di gestire la situazione, chiamate aiuto, segnalate subito il pericolo.

INDIRIZZI UTILI

Federazione Italiana Nuoto

Sede centrale

Stadio Olimpico. Curva Nord
00198 Roma
Tel. 06.362001

Sedi locali

Comitato Regionale Piemonte
Via Mercantini, 6 – 10121 Torino
Tel. 011.5628496 – fax 011.5622745

Comitato Provinciale di Bolzano
c/o Casa dello Sport
Via Verdi 14 – 39100 Bolzano
Tel. 0471.975502 – fax 0471.975502

Comitato Provinciale di Trento
Piazza Fiera, 13 – 38100 Trento
Tel. 0461.231456 – fax 0461269441

Comitato Regionale Lombardia
Via dei Piranesi, 44/b – 20137 Milano
Tel. 02.76110083 – fax 02.730154

Comitato Regionale Veneto
Via Giacomelli, 18 – 31100 Treviso
Tel. 0422.543953 – fax 0422.547858

Comitato Regionale Friuli Venezia Giulia
Piazza della Borsa, 7 – 34121 Trieste
Tel. 040.366692 – fax 040.365519

Comitato Regionale Liguria
Via Ippolito d'Este, 8 – 16121 Genova
Tel. 010.565693 – fax 010.5451922

Comitato Regionale Emilia Romagna
c/o Palazzetto dello Sport
Via Calori, 5 – 40122 Bologna
Tel. 051.520004 – fax 051. 522125

Comitato Regionale Toscana
Viale Guidoni, 178/b – 50127 Firenze
Tel. 055.416581 – fax 055.416585

Comitato Regionale Marche
Via dell'Artigianato, 26 –60129 Ancona
Tel. 071.2805567 – fax 071.2803138

Comitato Regionale Umbria
Via Martiri dei Lager, 65 – 06100 Perugia
Tel. 075.5057143 – fax 075.5056429

Comitato Regionale Lazio
c/o Piscina CONI
Piazza Lauro de Bosis, 3 – 00194 Roma
Tel. 06.36000840 – fax 06.3242383

Comitato Regionale Abruzzo
c/o CONI
Piazza S. Caterina, 37 – 65123 Pescara
Tel. 085.4212132 – fax 085.4212132

Comitato Regionale Molise
Via G. Pepe, 23 – 86039 Termoli
Tel. 0875.82637 – fax 0875.701005

Comitato Regionale Campania
Galleria Umberto I, 27 – 80132 Napoli
Tel. 081.5525994 – fax 081.5521836

Comitato Regionale Puglia
Via De Romita, 1 – 70121 Bari
Tel. 080. 5580845 – fax 080.5580548

Comitato Regionale Basilicata
Via del Popolo, 6/d – 85100 Potenza
Tel. 0971.27115 – fax 0971.37115

Comitato Regionale Calabria
c/o Piscina comunale Campagnano
87100 Cosenza
Tel. 0984.483115 – fax 0984.483505

Comitato Regionale Sicilia
Via Roma, 97 – 90133 Palermo
Tel. 091.6162531 – fax 091.6166461

Comitato Regionale Sardegna
Vico Regina Margherita,1 – 09125 Cagliari
Tel. 070.673081 – fax 070.673080

Terapia con il delfino
Associazione scientifica Arion
Via Ippolito Nievo, 5 – 00153 Roma
Tel. 06.5818243

Watsu
W.A.B.A. Italia – Training Institute
Centro Studi per una Nascita Naturale, Mestre
Tel. 041.981343; 454467

BIBLIOGRAFIA

Effetti benefici del nuoto

Corno, C., *Nuoto pro... e... contro*, Edizioni Kappa, Roma 1994.
Austin, G. e Noble J., *Nuotare fa bene*, Sperling & Kupfer, Milano 1996.

Storia

Bettazzoni, F. e Ungarelli, F., *Il nuoto. Capirlo, praticarlo, insegnarlo*, Logos Impex, Modena 1993.

Ginnastica prenatatoria

Piazzoli, A., *La ginnastica preparatoria allo sport del nuoto*, Società Stampa Sportiva, Roma 1981.
Vanni, V. e Martinetti, F., *La prenatatoria*, ESL, Torino 1983.

Insegnamento del nuoto

Howard, H.V. e Grainger, D. P., *Saper nuotare*, Mondadori, Milano 1968.
Montella, T., *L'insegnamento del nuoto*, UISP, Roma 1973.
Quintavalle, R., *Nuotare non è difficile*, Mursia, Milano 1976.
Maiello, D., *Nuotare*, 2 voll., Società Stampa Sportiva, Roma 1976.

Newman, V., *Nuotare è un gioco*, Sperling & Kupfer, Milano 1979.
Muzio, M. e Roione, G., *Nuoto bambino*, Libreria Scientifica, Milano 1981.
Il libro del nuoto, introd. di A. Anghileri, sezione tecnica di C. Armelloni, Garzanti e Coni per lo sport, 1981 (3ª ediz.).
Horn, B., *Tecniche di nuoto*, Sperling & Kupfer, Milano 1983.
Ravazzolo, M. e Rossi S., *Insegniamo a nuotare*, FIN, Roma 1983.
Ferretti, F., *Nuoto*, Sperling & Kupfer, Milano 1984.
Cane, A., *ABC del nuoto*, Edizioni Mediterranee, Roma 1985.
Doria, P. e Belleno, M., *Il nuoto per immagini*, Società Stampa Sportiva, Roma 1985.
Raggi, D., *Impariamo a nuotare. Corso di nuoto per bambini in 8 lezioni*, Edizioni MEB, Padova 1987.
Wilkie, D. e Juba, K., *Il manuale del nuoto*, Idealibri, Milano 1987.
Bizzotto, G., *Il nuoto. Uno sport divertente. Metodologia e tecnica*, Edizioni Mediterranee, Roma 1989.
Giletto, A.M., *Nell'acqua come prima di nascere*, Edizioni Nuovo Progetto, Vicenza 1990.
Davies, S., *Impara il nuoto in un weekend*, Mondadori, Milano, 1992.
Iodice, C., *Manuale del nuoto*, Edizioni del Golfo, Napoli 1992.
Giehrl, J., *Il nuoto per tutti*, Gremese Editore, Roma 1992.
Maiello, D., *Acquaticità. Educare all'acqua e con l'acqua*, Editrice Aquarius, Verona 1992.
Davies, S., *Il nuoto è facile*, Mondadori, Milano 1994.
Guerra, A., *Il mondo del nuoto*, Bastogi, Firenze 1994.

Nuoto agonistico

Counsilman, J.E., *La scienza del nuoto*, Zanichelli, Bologna 1973.
Counsilman, J.E., *Manuale di nuoto agonistico. Per allenatori e nuotatori*, Zanichelli, Bologna 1984.

Medicina in piscina

Pedrotti, F. e Tomasi, M., *Medicina in piscina*, Edizioni Alpitre, Trento 1985.

Ginnastica acquatica

Vittoria, L. e Licastro, F., *Il nuoto modellante*, Idelson, Napoli 1980.
Lebaz, B., *Aquabuilding: in acqua per un fisico perfetto*, Xenia Edizioni, Milano 1987.
Kasam, V., *Aquagym. In forma con la ginnastica in acqua (al mare e in piscina)*, Mondadori, Milano 1992.
Vallone, E., *Gymnuoto*, Sperling & Kupfer, Milano 1995.
Vallone, E. , *Gymvasca*, Sperling & Kupfer, Milano 1996.
Masunaga, S., *Zen shiatsu*, Edizioni Mediterranee, Roma 1993.

Alimentazione

Seri, S. e Cocchi, M., *Alimentazione dello sportivo*, Utet Libreria, Torino 1990.
Sheinkin, D., Schachter, M. e Hutton, R., *Ecologia alimentare*, TEA, Milano 1996.
Cannella, C. e Carrada, G., *I miti dell'alimentazione*, Salani, Firenze 1997.

Videocassette

Aquaria 1 e *Aquaria 2*.
Corso video di watsu di Harold Dull, Edizioni Red, Como.
(Altri video in lingua originale americana sono disponibili presso videoteche e librerie dello sport).

Riviste specialistiche

« La tecnica del nuoto », organo del settore Istruzione Tecnica e del Centro Studi e Ricerche della Federazione Italiana Nuoto (quadrimestrale).

«Il mondo del nuoto», mensile di informazione e critica degli sport natatori.
«The World of Swimming», trimestrale della Fédération Internationale de Natation Amateur.

TEA PRATICA

Ultimi volumi pubblicati

290 Choukroun, *Se mi ami, tradiscimi!*
291 Behrendt, Tuccillo, *La verità è che non gli piaci abbastanza*
292 Behrendt, Ruotola, *Inutile piangere sul cuore spezzato*
293 Wiseman, *Adolescenti terribili*
294 Märtin, *Gli anni migliori. La vita dopo i 40*
295 McKenna, *Posso farti dimagrire*
296 André, *Chi ha paura della paura?*
297 Pallardy, *Il mio codice della salute*
298 Holzheu, *Come parlare in pubblico ed essere convincenti*
299 Fröhlich, *Giro di vita*
300 Reignier, *Hatha yoga facile*
301 Gray, *Marte e Venere si innamorano di nuovo*
302 Jacobs, *50 anni gloriosi di golf*
303 Paungger e Poppe, *L'agenda della luna 2008*
304 Koch, *L'intelligenza del corpo*
305 Ehrhardt, *Le brave ragazze vanno in paradiso le cattive dappertutto*
306 Hollenbeck, *Riaccendi la passione*
307 McKenna, *Sicuri di sé in un attimo*
308 Fearnley-Whittingstall, *Il manuale dei bravi nonni*
309 Küstenmacher, *Semplifica l'amore*
310 Branden, *L'arte di vivere consapevolmente*
311 Schlessinger, *Infanzia difficile, vita felice*
312 Seabrook, *Il pensiero pelosofico per mamme e papà*
313 Fletcher, *La dieta senza dieta*
314 Bay, *Cucinare verde*
315 Ponte di Pino, *I mestieri del libro*
316 Fredman, Barnouin, *La dieta Skinny Bitch*
317 Kabat-Zin, *Riprendere i sensi*
318 Hicks, *La legge dell'attrazione*
319 Goldsmith, *Ciò che ti ha portato qui non ti farà andare avanti*
320 Cresswell, *Matematica e sesso*
321 Blanchard, *Il verde va con tutto (di prossima pubblicazione)*
322 Scheffer, *I fiori di Bach nei momenti di crisi*
323 Spada, *Agenda Yoga 2009*
324 Biddulph, *Crescere bambini piccoli*
325 Botwinick, *Il mio divorzio*
326 Panigatti, *La comunicazione vitale*
327 B.G., G.P., Markway, *Il bambino timido e come aiutarlo*
328 Paungger e Poppe, *L'agenda della luna 2009*
329 Becker, Spadafori, *Perché i gatti cadono sempre su quattro zampe*
330 Perel, *L'intelligenza erotica*
331 Becker, Spadafori, *Perché i cani si annusano quando si incontrano*
332 Wilson Schaef, *Meditazioni per donne che hanno troppo da fare*
333 McKenna, *Smetti di fumare subito e senza ingrassare*
334 Ury, *Il no positivo*

Finito di stampare
nel mese di aprile 2009
per conto della TEA S.p.A.
da La Tipografica Varese S.p.A. (VA)
Printed in Italy